Sebastião Carvalho Lima Júnior

LIBERTÀ DI DIMOSTRAZIONE E DI RIUNIONE:

Sebastião Carvalho Lima Júnior

LIBERTÀ DI DIMOSTRAZIONE E DI RIUNIONE:

LA LINEA SOTTILE TRA L'ESERCIZIO DI UN DIRITTO E IL SUO ABUSO

ScienciaScripts

Imprint

Any brand names and product names mentioned in this book are subject to trademark, brand or patent protection and are trademarks or registered trademarks of their respective holders. The use of brand names, product names, common names, trade names, product descriptions etc. even without a particular marking in this work is in no way to be construed to mean that such names may be regarded as unrestricted in respect of trademark and brand protection legislation and could thus be used by anyone.

Cover image: www.ingimage.com

This book is a translation from the original published under ISBN 978-620-2-80444-8.

Publisher:
Sciencia Scripts
is a trademark of
Dodo Books Indian Ocean Ltd. and OmniScriptum S.R.L publishing group

120 High Road, East Finchley, London, N2 9ED, United Kingdom
Str. Armeneasca 28/1, office 1, Chisinau MD-2012, Republic of Moldova, Europe
Managing Directors: Ieva Konstantinova, Victoria Ursu
info@omniscriptum.com

Printed at: see last page
ISBN: 978-620-2-86718-4

Copyright © Sebastião Carvalho Lima Júnior
Copyright © 2021 Dodo Books Indian Ocean Ltd. and OmniScriptum S.R.L publishing group

Dedico questo lavoro ai miei figli, a mia moglie, ai miei genitori, ai miei fratelli e sorelle e figliocci.

RICONOSCIMENTI

A Dio, per tutto ciò che è stato realizzato.

Alla mia famiglia: figli, moglie, genitori e fratelli, per la comprensione nei momenti che ho dovuto lasciare per raggiungere maggiormente questo obiettivo.

"Saggio è colui che conosce i limiti della propria ignoranza".

Socrate

SOMMARIO

Le norme che trattano dei diritti fondamentali sono il risultato di ciò che è stato purificato nel corso della storia umana, essendo l'essenza di un rigoroso processo di selezione naturale, avendo come linea guida la dignità della persona umana, motivo per cui gode di tale prestigio negli ambienti giuridici, sociali, storici, ecc. La dottrina di solito divide i diritti fondamentali in generazioni/dimensioni, a seconda del loro grado di finalità di fronte allo Stato e alla società. Alcune caratteristiche dei diritti fondamentali sono evidenziate dalla dottrina, come: storicità, inalienabilità, inalienabilità, imprescrittibilità, nonrenounceability, relatività/limitabilità, personalità, tra le altre. La dottrina, così come la giurisprudenza, è unanime nel sostenere la rilevanza che il principio di divieto della retrocessione dei diritti fondamentali, o semplicemente il suo effetto *cliquet,* gode nell'ambiente giuridico, arrivando ad affermare che l'estinzione di un diritto fondamentale sarebbe una retrocessione sociale, il che è inammissibile. A questo proposito, va detto che la Costituzione della Repubblica Federativa del Brasile del 1988 ha espressamente introdotto, nel suo quadro normativo, una serie di diritti classificati dal legislatore ordinario come fondamentali. Tra i diritti allora considerati fondamentali ci sono la libertà di manifestazione e di riunione, che sarà oggetto di questa ricerca. Oltre alla nostra attuale carta costituzionale, anche altre norme internazionali hanno offerto a tali istituti la dovuta protezione, come la Convenzione americana sui diritti dell'uomo, la Dichiarazione universale dei diritti dell'uomo e il Patto internazionale sui diritti civili e politici. Tuttavia, non è difficile individuare situazioni in cui vi sia un apparente conflitto di norme, quando si parla di esercizio della libertà di riunione e di manifestazione, a scapito del diritto di andare e venire, dell'accesso alla salute, all'istruzione, tra gli altri. In considerazione dell'apparente conflitto tra i diritti fondamentali, in questa ricerca si indicherà la strada da seguire da parte dell'operatore del diritto, nonché la postura da adottare da parte della Pubblica Amministrazione, al fine di aggirare in modo indiscriminato i disagi causati dall'esercizio di tali diritti. A questo proposito, partiamo dal presupposto che non esiste un diritto assoluto, per quanto fondamentale, il principio di concordanza pratica, insieme al principio di proporzionalità, è l'antidoto per risolvere i conflitti apparentemente esistenti. Ricordando che l'esercizio di un diritto non è vietato dal nostro ordinamento giuridico, tuttavia, il suo abuso è espressamente ripudiato e il responsabile dell'eccedenza deve essere debitamente sanzionato. Considerando tutto ciò, in questa ricerca individueremo la linea di demarcazione che esiste tra l'esercizio di un diritto e il suo abuso, rispetto alla libertà di manifestare e di incontrarsi.

Parole chiave: Diritti fondamentali. Libertà di dimostrazione e di riunione. Confini.

.

4

SOMMARIO

INTRODUZIONE

La motivazione per condurre questa ricerca è venuta da un parere legale che è stato richiesto, con estrema urgenza, dal Direttore di un Centro di Lancio "Space Engineering". Eravamo in una campagna per il lancio del suddetto artefatto, l'aereo che l'ha portato dalla regione sudorientale del paese, era già atterrato all'aeroporto, occasione in cui il suddetto artefatto doveva essere trasportato all'hangar, dove sarebbe stato preparato per il tanto desiderato lancio.

Il problema era che il razzo per lasciare l'aeroporto ed essere spostato nel luogo dove sarebbe stato preparato, avrebbe dovuto viaggiare a pochi metri da una strada statale. Questa strada è stata bloccata da non più di 15 persone, bloccando gli attraversamenti dei veicoli e manifestando contro lo scenario politico attuale, supplicando per migliori condizioni di vita, ecc.

Tutti sapevano che quei manifestanti erano lì per esercitare un diritto che era stato loro assicurato dal legislatore costituzionale, ma sapevano anche che, in quel momento, se la strada statale non fosse stata sbloccata per il passaggio dei razzi, in modo che la cronologia amministrativa e operativa del lancio potesse procedere regolarmente, questo fatto avrebbe potuto causare grande *stress* al programma spaziale brasiliano, oltre a sovraccaricare le casse pubbliche.

Piuttosto pensieroso di fronte a tutta questa situazione, in considerazione dell'apparente conflitto tra i diritti costituzionalmente garantiti, ho preparato il parere legale che era stato richiesto e ho consigliato il comandante del Centro, dandogli certezza giuridica nel processo decisionale. Alla fine, tutto si è risolto con la grazia di Dio.

Il contenuto del parere? Questo può essere sotteso durante la lettura di questa ricerca, quando ci troviamo di fronte all'argomento oggi in voga, che è ben lungi dal costituire un consenso nell'ambiente giuridico e sociale, dal momento che i diritti fondamentali sono stati oggetto di ricerca per un periodo di tempo considerevole.

In questa linea di ragionamento, dobbiamo affermare che gli operatori del diritto, nel tempo, hanno individuato una serie di norme essenziali di comportamento per l'essere umano e la vita comunitaria, norme che sono state positive con l'evoluzione della società. Queste norme di comportamento, essenziali per l'essere umano e per vivere insieme come comunità, sono state chiamate "diritti fondamentali".

La Costituzione federale della Repubblica Federativa del Brasile del 1988 ha introdotto una serie di diritti considerati fondamentali, tra cui la libertà di riunione e di manifestazione.

La garanzia dell'esercizio della libertà di manifestazione e di riunione sono premesse fondamentali di uno Stato di diritto democratico, dove le persone hanno il diritto di esporre e discutere le loro opinioni.

Sulla democrazia, Hans Kelsen[1] nella sua opera "Pure Theory of Law", sostiene che, in uno Stato democratico, la volontà politica di ciascuno può essere giudicata allo stesso modo, e ogni credo e opinione politica deve essere rispettata, dando a tutti la stessa possibilità di esprimersi e di cercare il consenso popolare attraverso la libera concorrenza.

Dalla lettura del suddetto lavoro si può anche capire che esercitare la democrazia significa rispettare le differenze che esistono tra i più diversi livelli sociali, garantendo a tutti il diritto di esprimere le proprie opinioni, indipendentemente dalle convinzioni filosofiche, religiose o politiche.

Pertanto, uno Stato che si definisce democratico deve rispettare e garantire la libertà di riunione e di manifestazione del suo popolo, a prescindere da qualsiasi convinzione filosofica, religiosa o politica, poiché il raduno di persone per manifestare sulla loro conformità o non conformità ad un dato evento fazioso è, soprattutto, l'esercizio della democrazia nella sua pienezza.

È abbastanza comune vedere la gente per le strade che affigge manifesti, distribuisce opuscoli e a volte vieta strade, viali o occupa edifici pubblici, con l'obiettivo di manifestarsi contro o a favore di qualche fatto.

Tale diritto, come abbiamo detto prima, è garantito nel nostro testo costituzionale, ma può essere esercitato come la popolazione ritiene opportuno per il solo fatto che è previsto dalla costituzione? L'esercizio dei diritti di assemblea e di manifestazione può subire qualche tipo di attenuazione? Quale sarebbe la linea di demarcazione tra la teoria dei "limiti dei limiti" e la teoria dell'"accettabilità sociale"?

Tali questioni emergono comunemente negli ambienti accademici, giuridici, politici e sociali. È proprio cercando di rispondere ad essi che con questo lavoro ci proponiamo, attraverso la ricerca in dottrina e in giurisprudenza, di

---

[1] KELSEN, Hans. **Pura teoria della legge**. Traduzione: João Baptista Machado. 3 ed. São Paulo: Martins Fontes, 1999 , p. 105.

7

sviluppare una linea di ragionamento per comprendere meglio i diritti fondamentali di riunione e di manifestazione, date le specificità che circondano la materia attuale.

A tal fine, inizieremo questa ricerca definendo quelli che poi sarebbero stati chiamati "diritti fondamentali", spiegandone l'origine, le pietre miliari storiche, lo sviluppo e l'applicabilità oggi.

Nell'ambito del tema dei diritti fondamentali, approfondiremo i nostri studi su due specifici diritti fondamentali, il diritto di riunione e di manifestazione, occasione in cui porteremo i rispettivi concetti, oltre ad evidenziare le posizioni dottrinali e giurisprudenziali in materia, evidenziando le caratteristiche delle norme che trattano dei diritti fondamentali, come la storicità, l'inalienabilità, l'imprescrittibilità, la non derogabilità, la relatività/limitazione, la personalità, tra le altre, nonché affrontando la rilevanza che il principio di divieto della retrocessione dei diritti fondamentali, o semplicemente il suo effetto *cliquet,* gode nell'ambiente giuridico.

Su un altro argomento, ci occuperemo della possibilità di mitigare un diritto fondamentale, a quel punto approfondiremo la questione discutendo la teoria dei "limiti dei limiti" e la teoria dell'"accettabilità sociale". Nell'ordine, nell'argomento che segue, commenteremo la linea di demarcazione che esiste tra l'esercizio e l'abuso del diritto di riunione e di manifestazione.

Infine, a conclusione di questa ricerca, nel fare le considerazioni finali, delineeremo delle premesse molto preziose per gli operatori del diritto e per gli altri pubblici che desiderano approfondire la loro conoscenza, affinché si sentano più a loro agio nell'affrontare quotidianamente l'argomento oggetto di questa ricerca, in quanto questo è abbastanza istigato nell'ambiente sociale, toccando discussioni accese, ma mirando, soprattutto, sempre a salvaguardare il sentimento di spirito democratico nella popolazione.

1   DEFINIZIONE DEI DIRITTI FONDAMENTALI

Ritornare alle origini storiche dei diritti fondamentali significa comprenderli meglio, sapere come un tale istituto è stato forgiato nel corso degli anni, diventando un pilastro di varie discipline giuridiche, filosofiche e sociali. E' talmente importante che diversi Paesi danno un'enfasi particolare a questo tema nelle loro carte costituzionali, conferendo alcune prerogative e protezionismo contro gli attacchi volti ad abolire tali diritti.

A questo proposito, Urbano Carvelli e Sandra Scholl[2] , lo insegnano:

> I diritti fondamentali delimitano le aree in cui il potere statale non deve intervenire e allo stesso tempo rappresentano le fondamenta della comunità. Sono l'espressione e la garanzia della libertà politica e personale. I diritti fondamentali offrono all'individuo la garanzia dell'organizzazione e della gestione della propria vita, aprendo la possibilità di partecipare alla vita politica della comunità. Si è così sviluppato un rapporto simbiotico tra i diritti fondamentali e l'idea di libertà democratica, da cui una rottura porterebbe all'abbandono dello Stato democratico costituzionale.

Questa volta, come si può vedere dal passaggio precedente, i diritti fondamentali rappresentano un meccanismo di protezione contro gli atti autoritari, inibendo l'abuso di potere da parte dello Stato. Inoltre, questi diritti danno ai cittadini il potere di organizzare e gestire la propria vita.

Tale è l'importanza dei diritti fondamentali che, per i suddetti autori, si è sviluppato un rapporto di influenza tra diritti fondamentali e libertà democratica, tale che qualsiasi attacco ai diritti fondamentali comporterebbe "l'abbandono dello Stato democratico costituzionale".

È un grave errore voler comprendere i diritti fondamentali da un'unica prospettiva, la dimensione è il loro raggio d'influenza, con particolare attenzione alle aree storiche, sociali, politiche, filosofiche e giuridiche.

Per rafforzare questa comprensione, basta cercare di capire il motivo dell'esistenza di una certa regola di difesa sociale. Certamente, perché ciò avvenisse, dietro le quinte della sua creazione c'era un intero contesto storico, circondato da lotte sociali, in cui si sollevavano e si difendevano certe concezioni filosofico-sociali, che portavano alla maturazione delle idee, seguite dalla loro accettazione sociale, culminata nella produzione legislativa da parte dei legittimi.

In questo contesto, vale la pena di commentare il Codice di Hammurabi, creato nel XVIII secolo a.C., che è considerato da molti studiosi il primo codice scritto

---

[2] CARVELLI, Urban; SCHOLL, Sandra. Evoluzione storica dei diritti fondamentali: dall'antichità alle prime importanti dichiarazioni nazionali dei diritti. **Rivista di informazione legislativa**. Brasília a. 48 n. 191 lug./set. , 2011, p.168.

dell'umanità, basato sulla legge di Talion - "occhio per occhio, dente per dente" - che riflette da tale manoscritto l'applicazione proporzionale della pena al male commesso. Il Codice di Hammurabi aveva come uno dei suoi obiettivi principali la difesa della proprietà, della famiglia e dell'onore, diritti di queste essenze/fondamenti rinomati al suo tempo.

Successivamente, sono apparse diverse altre codificazioni, sempre alzando la bandiera della tutela dei diritti fondamentali, inerenti alla persona umana, basati su principi religiosi e su idee libertarie.

Tuttavia, i diritti fondamentali non hanno sempre avuto una posizione di rilievo e una rilevanza sociale, come si può vedere, nella misura in cui i manoscritti ci permettono di indagare.

Nell'antichità greco-romana, dove regnava la schiavitù, solo le persone dotate di un certo privilegio sociale - le classi più abbienti - avevano qualche tipo di diritto.

Urbano Carvelli e Sandra Scholl [3]lo aggiungono:

> Così, l'ordine sociale ed economico di quel tempo si basava in gran parte sull'accettato e noto istituto della schiavitù e dipendeva, in generale, dalla divisione in vari strati sociali (per esempio: saggi, guerrieri, artigiani, contadini e schiavi). Di conseguenza, nell'antichità greco-romana, solo i cittadini della Polis o, rispettivamente, i cittadini di Roma avevano diritti. Un esempio di un'eccellente caratteristica plastica è la concessione di diritti all'interno della Polis. Solo i cittadini della Polis potevano godere dell'uguaglianza davanti alla legge (Isonomia), della stessa libertà di parola (Isogoria) e dello stesso rispetto (Isotimia). Visioni che cercassero la validità dello stesso diritto per tutti avrebbero quindi enormi ripercussioni sulle fondamenta dell'ordine statale. Tuttavia, anche nel pensiero antico, è possibile trovare considerazioni importanti per lo sviluppo dell'idea dei diritti fondamentali.

Gerhard Oestreich [4]commenta che nel V secolo a.C. I sofisti - saggi che agivano come insegnanti di filosofia - ritenevano che la legge naturale dovesse avere la precedenza sulla legge positiva. In questa linea di ragionamento, i sofisti Alkidama, in questo periodo della storia, difendevano l'idea che Dio ha creato tutti gli uomini liberi e non ne ha fatto nessuno come schiavo. Cioè, per questo filosofo, la schiavitù era

---

[3] Ibidem, p.169.
[4] OESTREICH, Gerhard. Lo sviluppo dei diritti umani e delle libertà fondamentali: un'introduzione storica. In: BETTERMANN, Karl August; NEUMANN, Franz L.; NIPPERDEY, Hans Carl (Org.). **I diritti fondamentali: Manuale di teoria e pratica dei diritti fondamentali. Metà volume.** Berlino: Duncker & Humblot, v. 1. 1966, p. 78.

qualcosa di creato dall'uomo, che, a sua volta, viola la legge naturale, poiché fa una distinzione tra uomini che Dio non ha fatto, creando esseri superiori e inferiori.

Alfred Verdross [5] riferisce anche che Platone e Socrate difesero la comprensione che un ordine politico sarebbe accettabile per la società solo se fosse etico, il che significa in questo caso il rispetto dei diritti naturali individuali e collettivi. Ossia, perché un ordine sia accettato, già in questo periodo dell'antichità, la popolazione era tenuta ad obbedire a certi precetti, di solito forgiati dai suoi antenati.

Hans-Otto Muhleisen[6]racconta che Aristotele dipingeva la giustizia come "una virtù diretta ai suoi simili", e che l'uguaglianza esistente tra l'uno e l'altro dovrebbe essere salvaguardata, nel rispetto dei diritti naturali esistenti.

Per gli stoici romani - membri della scuola stoica che avevano come principio le leggi della natura - la legge naturale è una norma che ha origine da un essere supremo, godendo, quindi, di una prevalenza su ogni altra prodotta dall'uomo nell'intento di difendere i propri interessi personali.

In questa polarizzazione non è assurdo tracciare un parallelo tra legge naturale e diritti fondamentali, poiché per la grande maggioranza della dottrina, anche contemporanea, il diritto fondamentale è qualcosa che emerge naturalmente dalla società, la cui tutela è essenziale. Questo per salvaguardare il minimo esistenziale insito nella persona umana e nell'ambiente in cui vive.

Per i membri della scuola stoica romana, nessuna persona, nemmeno il "Senato romano", potrebbe invalidare quella norma radicata nella natura, data la sua supremazia protetta dal fattore etico-temporale-naturale.

In possesso di tali dati, è quasi automatico osservare che l'Antichità greco-romana si è avvicinata molto a quelli che oggi conosciamo come diritti fondamentali, soprattutto quando ha sviluppato il tema del diritto naturale, mancando solo pensieri positivi e costruendo un legame con il campo politico.

Già nel Medioevo i diritti fondamentali hanno conosciuto una certa evoluzione, soprattutto grazie al cristianesimo, per aver sostenuto che "l'uomo è stato costruito a immagine e somiglianza di Dio". Per questo le autorità locali non devono sottovalutare i loro simili, intervenendo il meno possibile nella loro vita e nelle loro

---

[5] CHASE, Alfred. **Linee fondamentali dell'antica filosofia del diritto e dello stato**. Seconda edizione. Vienna: Springer, 1948, p. 235.
[6] MILLS, Hans-Otto. Sulla storia dei diritti fondamentali. In: BUNDESZENTRALE für politische Bildung (Ed.). **Diritti fondamentali: informazioni sull'educazione politica**. Bonn: [s.n.], 1993, p. 6.

proprietà, e spetta al superiore giudicare. Questo periodo storico ha avuto come baluardo Tommaso d'Aquino.

La frenetica ricerca del potere che ha segnato il Medioevo ha portato ai diritti fondamentali, come contributo, a comportamenti restrittivi, in cui si è cercato di inibire alcune pratiche che mettono a confronto la dignità umana, limitando alcuni poteri delle autorità locali, sotto forma di concessione di diritti alle "caste".

Secondo Gerhard Oestreich [7] , all'inizio dell'età moderna, segnata dall'Assolutismo, c'è stata una feroce lotta per il mantenimento del potere da parte dei monarchi, a scapito del Parlamento inglese, che, invece di lottare per mantenere il potere, si è battuto per conquistare sempre più diritti. Questo scenario è stato facilmente visualizzato in Inghilterra in questo periodo storico.

A proposito dell'età moderna, per quanto riguarda la Riforma protestante, Urbano Carvelli e Sandra Scholl[8], nel ritrarre le performance di Lutero, lo spiegano:

> La tavolozza delle interpretazioni scientifiche della riforma protestante va da un collegamento diretto dell'idea dei diritti fondamentali di alcuni riformatori a una completa negazione del collegamento tra questa idea e il contenuto del pensiero riformista. Gli insegnamenti di Martin Lutero sono al centro delle divergenze. Secondo Lutero, spettava alle persone una certa indipendenza e responsabilità religiosa, che permetteva loro di prendere una posizione contraria a quella dell'autorità mandamentale in materia religiosa. Tuttavia, Lutero non difendeva l'insegnamento dei diritti naturali e si opponeva esplicitamente alla deduzione delle esigenze delle libertà civili e dell'uguaglianza dai tre diritti fondamentali cristiani che predicava: libertà, uguaglianza e solidarietà. Lutero difendeva anche la posizione secondo cui il soggiogato doveva essere obbediente all'autorità, ma allo stesso tempo faceva una restrizione fondamentale. Secondo Lutero, l'autorità terrena non dovrebbe disporre sull'anima delle persone. In questi casi, però, la resistenza sarebbe consentita solo attraverso richieste e formulazioni, ergo, dall'obbedienza dolorosa al sacrificio della propria vita.

Per Hasso Hofmann[9] , anche altri filosofi inglesi hanno dato il loro contributo alla formazione embrionale di quelli che oggi sono riconosciuti come diritti fondamentali. A titolo di esempio, si può citare Thomas Hobbes, che ha dato per scontato che tutte le persone siano titolari di diritti naturali, per il semplice fatto che essi esistono - è il risultato dello stato naturale. Questi diritti non potevano essere limitati, se non dal Dio mortale - il Leviatano - al quale tutti dovrebbero obbedire in

---

[7] OESTREICH, Gerhard. op. cit.
[8] CARVELLI, Urbano; SCHOLL, Sandra. op. cit.
[9] HOFMANN, Hasso. Sull'origine delle dichiarazioni sui diritti umani, **Juristische Schulung**, Monaco, v. 28, 1988, p. 841.

modo illimitato, essendo lo Stato il solo responsabile del mantenimento dell'ordine e della pace.

L'autore aggiunge che John Locke, oltre a difendere la suddetta intesa, allora sostenuta da Thomas Hobbes, sosteneva anche che "esistono diritti individuali irrevocabili come la vita e la libertà", istituti classici protetti dai diritti fondamentali contemporanei.

In Francia, anche i diritti fondamentali hanno acquisito un forte impulso per la loro solidificazione, soprattutto nel pensiero di Montesquieu, che ha sostenuto la necessità della "libertà del cittadino e del benessere del popolo". A tal fine, ha sviluppato la teoria della distribuzione tripartita dei poteri, nella forma dell'esecutivo, legislativo e giudiziario, in cui essi funzionano come un sistema di controlli ed equilibri, evitando abusi e garantendo la libertà del cittadino; questa libertà è molto apprezzata.

In Germania, secondo l'opera di Klaus Stern [10], uno dei maggiori contributi ai diritti fondamentali è stato promosso da Immanuel Kant, che nei suoi saggi ha difeso l'autonomia naturale delle persone, oltre a sottolineare l'esistenza di "diritti naturali innati e diritti acquisiti", ovvero la libertà dell'individuo: uguaglianza, onore e libertà di espressione. Tutto questo è considerato da Kant come un diritto che nasce già con la persona, essendo quindi contemporaneo alla sua esistenza e non dipendendo da alcun fattore per la sua realizzazione.

Il pensiero di Kant ci fa riflettere su quanto fosse avanzata la sua teoria, poiché egli riconosceva gli istituti tanto importanti quanto innati per l'essere umano, e potevano facilmente essere denominati, come era difeso da Kant all'epoca, come diritti fondamentali.

Ancora una volta, è chiaro che i diritti naturali sono l'origine dei diritti fondamentali, mentre entrambi difendono l'idea che tali diritti sono innati nella condizione umana, cioè appartengono all'uomo come risultato del semplice fatto della sua esistenza.

L'obiettivo principale della creazione dei diritti fondamentali era, senza ombra di dubbio, quello di inibire gli abusi del potere statale, nonché di assicurare all'uomo una vita più dignitosa, in cui i precetti minimi fossero protetti dal libero arbitrio altrui.

---

[10] Stella, Klaus. L'idea dei diritti umani e dei diritti fondamentali. In: MERTEN, Detlef; PAPER, Hans-Jürgen (Org.). Manuale dei diritti fondamentali in Germania e in Europa: Sviluppi e fondazioni. Volume I. Heidelberg: C.F. Müller, 2004, p. 13.

Su quel tappeto, [11]dice Alexandre de Moraes:

> I diritti fondamentali dell'uomo, nella loro concezione attualmente conosciuta, sono emersi come il prodotto della fusione di varie fonti, dalle tradizioni radicate in diverse civiltà, alla coniugazione di pensieri filosofico-giuridici, idee derivanti dal cristianesimo e dalla legge naturale. (...) Così, la nozione di diritti fondamentali è più antica dell'emergere dell'idea di costituzionalismo, che consacrava solo la necessità di iscrivere un elenco minimo di diritti umani in un documento scritto, derivato direttamente dalla volontà popolare sovrana

Questa citazione non fa che rafforzare il ragionamento sviluppato fino ad ora, secondo cui i diritti fondamentali costituiscono un qualcosa che è stato costruito nel corso della storia dell'umanità, nato dalla fusione di vari prodotti, mescolati dai costumi delle più diverse civiltà.

José Afonso da Silva[12], quando parla di diritti fondamentali, sostiene questo:

> Il riconoscimento dei diritti umani fondamentali, in dichiarazioni esplicite di diritti, è una cosa recente, e le sue possibilità sono lungi dall'essere esaurite, poiché ogni passo nella fase evolutiva dell'umanità conta nella conquista di nuovi diritti. Più che la conquista, il riconoscimento di questi diritti si caratterizza come la riconquista di qualcosa che, in termini primitivi, si è perso quando la società è stata divisa tra proprietari e non proprietari.

Non è difficile imbattersi in altre terminologie che si riferiscono ai diritti fondamentali, come: diritti umani, diritti umani, ecc. Tutti hanno lo stesso significato, la protezione di una gamma minima di diritti inerenti alla persona dell'uomo, la cui protezione è stata rivendicata dalla società e vinta sulla base di molte lotte.

Pur avendo un processo di formazione distribuito nel corso della nostra storia, i diritti fondamentali stessi portano un peso concettuale recente. Questo perché le prime grandi esteriorizzazioni sono avvenute con l'elaborazione di documenti di natura politica, nel bel mezzo delle rivoluzioni del XVIII secolo, più precisamente quelle avvenute negli Stati Uniti d'America nel 1776 e in Francia nel 1789.

Questi documenti politici hanno raccolto una serie di idee, un tempo sostenute da grandi filosofi come Montesquieu, Rosseau, Diderot, Voltaire e Benjamin Franklin. A questo proposito, José Afonso da Silva lo ritrae:[13]

---

[11] MORAES, Alexandre de. **Diritti umani fondamentali**. 9. ed. São Paulo: Atlante, 2011, p. 2-3.
[12] SILVA, José Afonso da. **Corso di diritto costituzionale positivo**. 9. ed. São Paulo: Malheiros, 1992, p. 137.
[13] Ibidem, p. 175.

> Le dichiarazioni dei diritti hanno assunto inizialmente la forma di proclami solenni in cui i diritti sono esposti in un apposito testo organico. Divennero poi il preambolo delle costituzioni, in Francia in particolare. Attualmente, anche se nei documenti internazionali assumono la forma delle prime dichiarazioni, nelle legislazioni nazionali integrano le costituzioni, acquisendo il carattere concreto di *norme giuridiche* costituzionali *positive*, per questo motivo, assoggettandosi in particolare al diritto di ciascun popolo, come abbiamo visto, configurano *dichiarazioni costituzionali di diritto,* che hanno rilevanti conseguenze giuridiche pratiche [...].

Questi documenti miravano a proteggere la libertà di natura eminentemente individualistica, come il diritto di manifestare, la libertà di pensiero, di locomozione, di riunione, la libertà di esercitare una professione, insieme ad altre libertà civili e politiche.

Tuttavia, con l'avvento della prima guerra mondiale a metà del 1914, si è potuta assistere a una serie di violazioni dei diritti fondamentali, in cui molti di questi diritti sono stati semplicemente ignorati, dando origine a un vero e proprio affronto ai diritti umani fino ad allora sanciti.

Maurício Godinho Delgado[14] , nella sua opera, lo ritrae:

> Il concetto di diritti fondamentali ha acquisito rilevanza e coerenza - e il suo recente prestigio culturale - solo con l'avvento dell'innovativa incorporazione, nella sua matrice, dei vasti segmenti socio-economici privi di ricchezza che, per la prima volta nella storia, sono diventati oggetto di importanti prerogative e vantaggi giuridici nel progetto di vita della società. Questo fatto decisivo e senza precedenti si verificherà solo a partire dalla seconda metà del XIX secolo, nell'esperienza prevalentemente europea. Non a caso, si confonde con l'avvento del diritto del lavoro.

Per l'autore di cui sopra, i diritti fondamentali hanno solo acquisito una reale rilevanza, e sono arrivati ad essere ufficialmente protetti dallo Stato, in un passato non così lontano, nonostante siano la conseguenza di un processo di lenta formazione storico-sociale.

Nel 1917, con l'avvento della Costituzione messicana, abbiamo avuto la prima carta costituzionale a includere esplicitamente i diritti sociali nel suo corpo normativo, inaugurando un ciclo di protezionismo per l'umanità di grande rilevanza.

---

[14] DELGADO, Maurício Godinho. **Corso di diritto del lavoro**. 1 edizione. San Paolo: LTr, 2002, p. 17.

Ingo Wolfgang Sarlet[15] , nel suo articolo "Diritti e doveri fondamentali nella Costituzione della Repubblica di Weimar" afferma che questa carta costituzionale è stata la prima costituzione della Repubblica Democratica Tedesca, essendo stata approvata nella città di Weimar (per questo ha ricevuto questo nome) il 19 agosto 1919 - cioè due anni dopo la costituzione messicana del 1917 - e quindi, insieme alla costituzione messicana, è una delle prime costituzioni a garantire una serie di diritti esplicitamente considerati fondamentali nei rispettivi testi.

In quel diapason, aggiunge Ingo Wolfgang Sarlet[16] , riguardo ai diritti fondamentali di manifestazione e di riunione, presenti anche nella Costituzione di Weimar (CW):

> Per quanto riguarda le libertà di comunicazione, CW ha assicurato il diritto di tutti i tedeschi, nei limiti delle leggi generali, alla libera espressione da parte di qualsiasi
> con espresso divieto di censura, con l'eccezione delle opere cinematografiche, per le quali si potrebbero montare diverse prescrizioni.
> La libertà di espressione non può essere limitata a causa di un'occupazione o di un rapporto di lavoro, e qualsiasi discriminazione a causa dell'esercizio di tale libertà è vietata.
> Allo stesso modo, la libertà di riunione senza previa autorizzazione o comunicazione era garantita, ma le riunioni promosse all'aperto potevano essere, per disposizione di legge, condizionate alla comunicazione della pubblica autorità. È stata inoltre garantita la libertà di associazione per scopi non contrari al diritto penale.

Dal manoscritto di cui sopra, è facile percepire diverse similitudini di ciò che era assicurato nella Costituzione di Weimar, con ciò che oggi è quasi obbligatorio includere nelle costituzioni odierne.

Inoltre, è imperativo sottolineare la forte influenza del testo costituzionale di cui sopra, nell'assemblea costituente nazionale, che ha promulgato la carta costituzionale brasiliana del 1934.

Tuttavia, queste previsioni costituzionali non sono state sufficienti a prevenire la seconda guerra mondiale, che si è svolta tra il 1939 e il 1945, in cui l'umanità ha potuto assistere a un numero significativo di attacchi ai civili, alla creazione di campi di concentramento, all'olocausto, insomma a una serie di violazioni

---

[15] SARLET, Ingo Wolfgang. **Diritti e doveri fondamentali nella Costituzione della Repubblica di Weimar**. 2019. Disponibile all'indirizzo: https://www.conjur.com.br/2019-ago-16/direitos-fundamentais-direitos-deveres-fundamentais-constituicao-weimar. Visto 14. Maggio 2020, p. 1.
[16] Ibidem, p. 2.

della dignità della persona umana, con una vera e propria battuta d'arresto dei diritti fondamentali.

Per George Marmelstein, la nascita della "Teoria dei diritti fondamentali" è legata ombelicalmente alla fine della seconda guerra mondiale nel 1945, insieme alla caduta del regime nazista. In questo desideratum, Marmelstein [17]difende l'idea che:

> Il nazismo fu come una doccia fredda per il positivismo kelseniano, che fino ad allora era stato accettato dai giuristi più prestigiosi. (...) È stato prima di questo "disincanto" intorno alla teoria pura che i giuristi hanno sviluppato una nuova corrente giustizialista che si chiama post-positivismo, che potrebbe benissimo chiamarsi positivismo etico, poiché il suo scopo principale è quello di inserire nella scienza giuridica i valori etici indispensabili per la tutela della dignità umana.

Oggi, ciò che possiamo vedere è una forte preoccupazione dei legislatori per la tutela dei diritti fondamentali, assicurando loro, attraverso una serie di strumenti legislativi, la dovuta protezione.

Per Robert Alexy [18] , i diritti fondamentali danno origine a molte teorie, come questa:

> Le teorie storiche, che spiegano lo sviluppo dei diritti fondamentali, le teorie filosofiche, che cercano di chiarire i loro fondamenti, e le teorie sociologiche, sulla funzione dei diritti fondamentali nel sistema sociale, sono solo tre esempi. È difficile avere una disciplina nelle scienze umane che, dal suo punto di vista e con i suoi metodi, non sia in grado di contribuire alla discussione sui diritti fondamentali.

Inoltre, per Noberto Bobbio [19] :

> (...) i diritti non nascono tutti insieme. Nascono quando dovrebbero o possono nascere. Nascono quando c'è un aumento del potere dell'uomo sull'uomo (...) o creano nuove minacce alla libertà dell'individuo, o permettono nuovi rimedi per la sua indigenza.

Vale anche la pena ricordare che in campo dottrinale, gli studiosi del diretto hanno sviluppato la "teoria del divieto di retrocessione" o semplicemente l'effetto "*cliquet*" dei diritti fondamentali, dove si sostiene che è inammissibile estinguere un diritto fondamentale già conquistato, a rischio di sminuire e ignorare un intero contesto

---

[17] MARMELSTEIN, George. **Corso sui diritti fondamentali**. San Paolo: Atlante, 2008, p. 10.
[18] Alessia, Robert. **Teoria dei diritti fondamentali**. Traduzione: Martina Petrarca. San Paolo: Malheiros, 2008, p. 31.
[19] BOBBIO, Norberto. **L'età dei diritti**. Rio de Janeiro: Campos, 1992, p. 06.

sociale e storico che esiste dietro questa conquista. In questo senso, sostiene Dirley da Cunha Júnior[20] :

> L'espressione "*cliquet*" è di origine francese, usata dagli alpinisti per indicare che, da un certo punto della salita, non è possibile tornare indietro, ma sempre andare verso l'alto, designando un movimento in cui è consentita solo la salita sulla via.
> Ebbene, il postulato del "**divieto di regressione**" guida l'**evoluzione** dei Diritti fondamentali, in particolare dei Diritti sociali ai quali il postulato sullo schermo è più associato, nel senso che, una volta riconosciuti nell'ordinamento giuridico, i Diritti non possono essere soppressi o indeboliti, pena l'incostituzionalità.
> Sul piano normativo, il divieto di regressione tutela i Diritti Fondamentali impedendo l'abrogazione delle norme che li sanciscono o la sostituzione di tali norme con altre che non offrono garanzie di pari efficacia.
> In concreto, il divieto di fare marcia indietro ostacola l'attuazione delle politiche statali per indebolire o rendere più flessibili i diritti fondamentali.
> Questo postulato è stato sancito nella Costituzione federale del 1988 con le cosiddette **clausole di pietra** che impediscono al potere riformatore stesso di sopprimere i diritti fondamentali e le garanzie, ammettendo solo di estenderli. In altre parole, i Diritti sono conquiste irreversibili e non possono essere revocati, ma devono solo avanzare nella tutela della dignità della persona umana.

I diritti fondamentali devono essere sempre ricercati per aggiungere valore ad essi, mai per sottrarre le conquiste, pena una palese regressione sociale.

Per Francis Ted Fernandes[21] , la teoria del ritiro dei diritti fondamentali rappresenta una grande garanzia messa a disposizione della società, ed è per questo che egli sostiene questo:

> Non si può tornare indietro sui diritti sociali fondamentali o sulla loro esclusione senza una controparte di pari o superiore grado. La magistratura può e deve agire, ogni volta che si attiva, quando un cittadino non ha accesso a servizi pubblici che gli garantiscano l'adempimento dei suoi diritti sociali fondamentali, quando non riceve i benefici a cui ha diritto, quando gli viene negata la minima vitalità, cioè in tutte e qualsiasi situazione che configuri l'alienazione dei suoi diritti sociali fondamentali, che è dovere dello Stato e diritto di qualsiasi brasiliano.

---

[20] Dal cuneo junior, Dirley. **Il divieto di fare marcia indietro e l'effetto "*cliquet*" dei diritti fondamentali.** Disponibile all'indirizzo: https://dirleydacunhajunior.jusbrasil.com.br/artigos/152845012/a-proibicao-do-retrocesso-e-o-efeito-cliquet-dos-direitos-fundamentais. 2015, p. 1.
[21] FERNANDES, Francis Ted. **Impossibilità di regressione dei diritti sociali fondamentali.** Disponibile all'indirizzo: https://www.conjur.com.br/2019-fev-18/francis-fernandes-proibicao-retrocesso-direitos-fundamentais-sociais. 2019, pag. 5. Accesso: 15. Maggio 2020.

Secondo Narbal Antônio Mendonça Filet[22], la magistratura ha più volte utilizzato la teoria in commento per difendere i diritti fondamentali, impedendone la retrocessione:

> La STF ha lanciato il primo pronunciamento in materia con la decisione della DGA n. 2.065-0-DF, in cui sono stati discussi il Consiglio Nazionale di Sicurezza Sociale e i Consigli di Sicurezza Sociale Statale e Comunale. Sebbene la STF non fosse a conoscenza della causa, con voto a maggioranza, ritenendo che ci fosse solo un'offesa che rifletteva la Costituzione, la giustizia di denuncia originale, il giudice Sepúlveda Pertence, che ha ammesso l'incostituzionalità di una legge che semplicemente revocava una legge precedente necessaria per la piena efficacia di una norma costituzionale e riconosceva un generico divieto di regressione sociale. Altre decisioni della STF hanno affrontato la questione del divieto di regressione sociale, come le DGA n. 3.105-8-DF e 3.128-7-DF, la SM n. 24.875-1-DF e, più recentemente, la DGA n. 3.104-DF. La Corte di Giustizia di Rio Grande do Sul ha analizzato la questione anche nel ricorso civile n. 70004480182, oggetto del RE n. 617757 per la STJ. La questione è stata analizzata anche dalla 1° Classe dei Tribunali Federali Speciali della Sezione Giudiziaria del Mato Grosso do Sul - Caso n. 2003.60.84.002458-7.

In questo modo, possiamo capire che i diritti fondamentali sono diritti che richiedono un'attenzione particolare, soprattutto in considerazione del loro grado di importanza per una vita umana dignitosa, poiché si tratta di un diritto che ha forti radici storiche, e i tre poteri - esecutivo, legislativo e giudiziario - devono custodirlo con il dovuto rispetto e protezione.

1.1 Regole, principi e regole del diritto fondamentale

Le norme giuridiche possono essere intese come un insieme del risultato dell'interpretazione di testi positivi/enunciati che integrano un sistema giuridico, la cui funzione principale è quella di regolare la vita della società a cui è stato inserito, tenendo conto delle sue peculiarità, e godendo di fronte a quella di vero prestigio, considerando la sua natura cogente.

Tuttavia, nonostante l'uso di tale definizione per concettualizzare la norma giuridica, un tale istituto non ha una definizione così unificata nella dottrina.

Quando si parla di norme sui diritti fondamentali, ci riferiamo alla riflessione che il testo positivo dell'ordine giuridico/enunciato, che riguarda il diritto all'estensione

---

[22] FILET, Narbal Antônio Mendonça. Il principio del divieto di regressione sociale. Disponibile all'indirizzo: https://jus.com.br/artigos/12359/o-principio-da-proibicao-de-retrocesso-social. 2009, p. 3. Accesso: 15. Maggio 2020.

eccessiva, genera davanti alla società. La Costituzione della Repubblica Federativa del Brasile del 1988, ha nel suo corpo testuale una serie di dichiarazioni che riguardano i diritti fondamentali.

A questo proposito, vale la pena di notare che le dichiarazioni sui diritti fondamentali e le garanzie sono scolpite nella Costituzione federale del 1988, in modo più concentrato, nel suo Titolo II, che lo suddivideva in cinque capitoli, che, secondo le parole di Flávia Martins André da Silva[23] :

> Diritti individuali e collettivi: sono i diritti legati al concetto di persona umana e alla personalità, come la vita, l'uguaglianza, la dignità, la dignità, la sicurezza, l'onore, la libertà e la proprietà. Essi sono previsti dall'articolo 5 e dalle sue autorità competenti;
> Diritti sociali: lo stato di diritto dello Stato di diritto deve garantire libertà positive per gli individui. Questi diritti si riferiscono all'istruzione, alla salute, al lavoro, alla sicurezza sociale, al tempo libero, alla sicurezza, alla tutela della maternità e dell'infanzia e all'assistenza agli indifesi. Il suo scopo è quello di migliorare le condizioni di vita dei meno favoriti, raggiungendo così l'uguaglianza sociale. Sono elencati dall'articolo 6;
> Diritti di nazionalità: per nazionalità si intende il vincolo giuridico politico che lega un individuo ad un certo e determinato Stato, facendo di questo individuo una componente del popolo, permettendogli di chiedere la sua protezione e, in cambio, lo Stato lo sottopone ad obblighi imposti a tutti;
> Diritti politici: consentono all'individuo, attraverso i diritti soggettivi pubblici, di esercitare la propria cittadinanza, partecipando attivamente agli affari politici dello Stato. E' elencato nell'articolo 14;
> Diritti relativi all'esistenza, all'organizzazione e alla partecipazione ai partiti politici: ciò garantisce l'autonomia e la piena libertà dei partiti politici come strumenti necessari e importanti per preservare lo stato di diritto democratico. È elencato all'articolo 17.

Robert Alexy[24] , nel definire quelle che sarebbero le norme di diritto fondamentale, differenziandole dalle disposizioni/rinunciazioni di diritto fondamentale, prendendo come parametro la Costituzione tedesca, lo chiarisce:

> Un esempio di tale affermazione sarebbe: "Nessun tedesco può essere estradato" (art. 16, § 2, 1). Questa dichiarazione esprime una norma. Si tratta quindi di una dichiarazione normativa. Tutti gli articoli della Costituzione tedesca contengono dichiarazioni normative o parte di dichiarazioni normative. La norma espressa dalla dichiarazione di cui sopra è una norma di diritto fondamentale. L'enunciato può quindi essere chiamato "enunciato normativo del diritto fondamentale". Tuttavia, al posto di questa espressione un po' rozza, si usa l'attuale espressione "disposizione di diritto fondamentale".

---

[23] SILVA, Flávia André Martins da. **Direitos Fundamentais**. 2006. Disponibile all'indirizzo: https://www3.usf.edu.br/galeria/getImage/252/6892347672477816.pdf. Accesso: 18. nov. 2019, p. 2.
[24] ALESSIO, Robert. op. cit.

In altre parole, per l'autore di cui sopra, il dispositivo testuale contenuto nel corpus di una normativa, è solo una mera affermazione/disposizione, essendo la norma, il risultato del comando immediato, logico e limitato che tale dispositivo è in grado di esternalizzare nel mondo giuridico.

Robert Alexy[25], opponendosi alla sua comprensione nel suo lavoro, ha commentato la teoria di Friedrich Muller, che sostiene che una regola fondamentale del diritto trascende la mera disposizione formale immediata e ristretta contenuta nel testo costituzionale, essendo la regola superiore al risultato della stretta conseguenza della mera trascrizione testuale, non essendoci alcuna somiglianza obbligatoria tra la regola e il testo giuridico, essendo quest'ultimo molto più ampio di quest'ultimo, il che porta al post-positivismo:

> Müller caratterizza la sua teoria con una "teoria della norma che supera il positivismo giuridico". L'affermazione centrale della sua - come la definisce - "teoria strutturale post-positivista della norma giuridica" consiste nella tesi della "non-identità tra norma e testo normativo". Con questa tesi Müller intende dire "che una norma giuridica è più del testo". La concezione della norma giuridica come "costituita solo linguisticamente" sarebbe "l'illusione di una concezione puramente formalistica dello Stato di diritto". Una teoria post-positivista - che per Müller significa una teoria adeguata - della norma giuridica dovrebbe presupporre che "la norma giuridica è minata anche dalla realtà sociale, dalla portata della norma". Secondo Müller, il testo normativo "esprime il 'programma della norma', tradizionalmente inteso come 'comando legale'. A parità di gerarchia fa parte anche dell'ambito normativo, cioè il settore della realtà sociale nella sua struttura di base, che viene 'scelto' o, in parte, addirittura creato dal programma normativo come suo ambito di regolamentazione".66 Pertanto, "la norma giuridica deve essere intesa come un progetto vincolante, che comprende sia ciò che regola sia ciò che deve essere regolamentato. L'opposizione tra l'essere e il dover essere è così superata. Per diritti fondamentali, sempre secondo Müller, ciò significa quanto segue: "I diritti fondamentali sono garanzie di protezione, sostanzialmente conformi, di determinati complessi di azioni, organizzazioni e questioni, individuali e sociali. Queste "sfere materiali" si trasformano in "sfere normative" attraverso il riconoscimento costituzionale e la garanzia di libertà nel campo della prescrizione normativa, il programma della norma. Gli ambiti normativi partecipano alla normatività pratica, cioè sono elementi co-determinanti della decisione giuridica".

Secondo l'interpretazione trascritta sopra, per Friedrich Muller non esiste una necessaria identità tra la norma e il testo normativo, la norma trascende la mera conseguenza logica di ciò che è scritto nel corpo del testo, superando così il positivismo giuridico, poiché per lui il risultato derivante dall'interpretazione del

---

[25] Ibidem, p. 77.

"programma della norma", insieme alla realtà sociale a cui è inserito, quella che egli chiama la struttura post-positivista della norma giuridica, deve essere inteso come la norma.

Più avanti, Roberty Alexy[26], contro-argomenta il ragionamento sviluppato da Friedrich Muller, sottolinea che

> Questa teoria della norma in generale, e della norma di diritto fondamentale in particolare, è incompatibile con la teoria semantica della norma, che è il punto di partenza per definire il concetto di norma di diritto fondamentale qui presentato. Ciò è chiaro nel caso di norme sui diritti fondamentali direttamente stabilite. Si tratta di ciò, e solo di ciò, che le disposizioni sui diritti fondamentali esprimono. Ciò che qui si chiama "disposizione di diritto fondamentale" corrisponde a ciò che Müller chiama "testo", e ciò che qui si chiama "standard" corrisponde a ciò che Müller chiama "programma normativo". Il concetto centrale della teoria normativa di Müller, il campo di applicazione normativo, non trova qui spazio.

Per quanto riguarda i principi, è importante partire dal presupposto che il suo concetto proviene dalla fonte che dà origine a qualcosa, che inizia, si apre, ecc. Quando si parla di principi dei diritti fondamentali, si può capire che essi sarebbero intese di base, positive o meno, ma accettate dalla società, come punto di partenza, e garanzia minima dell'esistenza di un diritto fondamentale.

Non solo nel mondo giuridico, ma in qualsiasi sistema, i principi sono presi come strumenti guida, dando un senso a tale istituto e distinguendolo di fronte alle avversità, soprattutto per quanto riguarda gli apparenti conflitti di norme.

Walber Carlos da Silva[27], nell'affrontare i principi, afferma che questi sarebbero strumenti guida delle norme, o addirittura norme universali di un sistema di misure, utilizzate come parametro, in grado di assicurare il carattere interpretativo, di fronte alle lacune giuridiche:

> La norma giuridica si comporta come un genere, ma è sempre accompagnata dalla sua specie che sono i principi e le regole che portano con sé alcune caratteristiche, tuttavia, hanno una certa distinzione in termini di qualità.
> Nel campo del diritto o di qualsiasi altro seguito, i principi sono presi come fondamento, come strumento guida che dà senso a tutto.
> In questa prospettiva, guardiamo alle sagge parole di Silveira Bueno (2000, p. 624), che definisce il principio in diversi significati come "il momento in cui qualcosa ha la sua origine; origine; inizio, inizio; teoria; concetto; debutto; ragione, base; precetto".

---

[26] Ibidem, p. 78.
[27] DAL SILVA, Walber Carlos. **Regole, principi e regole dell'ordinamento giuridico brasiliano.** Disponibile all'indirizzo: https://jus.com.br/artigos/64137/normas-principios-e-regras-no-ordenamento-juridico-brasileiro. 2018, p. 2. Accesso: 15. Maggio 2020.

In questo modo, i principi sono enunciati come regole essenziali per quanto riguarda le strutture di base di un sistema che è un fondamento necessario per fornire l'interpretazione e l'applicazione sistematica del diritto positivo. I principi sono presentati come standard universali del sistema in quanto utilizzati come parametro in grado di assicurare un carattere interpretativo, in cui possono essere molto utili quando vengono collocati come strumenti che fungono da riempitivi, dove si manifestano lacune giuridiche.

Willis Santiago Guerra Filho[28] , quando parla di principi, sottolinea il grado di astrazione che esiste in essi, che non sostanzierebbe direttamente alcuna azione, portando però un elevato onere di valutazione:

Le regole contengono la descrizione di un fatto o di una specie (la *fattispecie* a cui si riferiscono gli italiani), mentre nei principi c'è un riferimento diretto ai valori. Si dice quindi che le regole si basano sui principi, che non - sosterrebbero direttamente alcuna azione, a seconda dell'intermediazione di una (o più) regola(e) concreta(e). I principi, quindi, hanno un grado di generalità (riferito alla classe di individui a cui si applica la regola) e di astrazione (riferito alla specie di fatto a cui si applica la regola) incommensurabilmente più elevato rispetto alla più generale e astratta delle regole. Per questo motivo, è anche più facile dire, di fronte a un evento a cui si riferisce una regola, se tale regola è stata osservata o violata e, in questo caso, come avrebbe potuto essere evitata. I principi sono "determinazioni di ottimizzazione" (*Optimierungsgebote*), nell'espressione di *Robert Alexy* ("Theorie der Grundrechte", Baden-Baden: NOMOS, 1985,pp.75es.), che si realizza nella misura delle possibilità, faziose e legali, che vengono concretamente offerte.

Una volta compresi questi concetti fondamentali, è imperativo affermare che la dottrina di solito divide le norme dei diritti fondamentali in generazioni, o dimensioni.

A proposito della divisione citata, l'autore Dicesar Beches Beches Vieira Júnior[29] commenta: "a sua volta, la dottrina classifica i diritti fondamentali, nella sua evoluzione storica, come diritti di prima, seconda e terza generazione, a seconda del momento storico in cui sono stati riconosciuti e positivi.

Nel commentare la prima generazione di norme sui diritti fondamentali, che a loro volta presentano toni restrittivi per lo Stato, l'autore [30] sopra citato porta le seguenti righe:

In questa testimonianza, la prima generazione di diritti fondamentali affonda le sue radici nelle Dichiarazioni del XVIII secolo, la prima delle quali è quella dello Stato della Virginia del 1776. Tuttavia, quella che avrebbe davvero

---

[28] SON WAR, Willis Santiago. Il principio costituzionale di proporzionalità. **Revista do Tribunal Regional do Trabalho da 15ª Região,** Campinas, SP, n. 20, p. 85-89, luglio/inizio, 2002. p. 86.
[29] VIEIRA JUNIOR, Dicesar Beches. Teoria dei diritti fondamentali: evoluzione storico-positiva, regole e principi. **Revista da Faculdade de Direito-RFD-UERJ**, Rio de Janeiro, n. 28, dicembre 2015, p. 78.
[30] Ibidem, p. 79.

segnato la prima generazione dei diritti fondamentali è stata la Dichiarazione dei diritti dell'uomo e del cittadino che sintetizzava le aspirazioni politico-filosofiche della Rivoluzione francese del 1789.

La prima generazione di diritti fondamentali sono i diritti di libertà, in particolare i diritti civili e politici. Secondo BONAVIDES, questi diritti sono detenuti dall'individuo, sono opponibili allo Stato, si traducono in facoltà o attributi della persona e hanno una soggettività che è la loro caratteristica più caratteristica; in breve, sono diritti di resistenza o di opposizione allo Stato.

In altre parole, i diritti fondamentali di prima generazione mantengono il requisito di una performance negativa da parte dello Stato, che porta a un apprezzamento della libertà individuale.

Quando si parla di "esigenza di beneficio negativo da parte dello Stato", si deve capire come lo Stato intervenga il meno possibile nella vita privata delle persone, garantendo loro l'esercizio di diritti fondamentali, come la libertà di espressione, la dimostrazione, lo svolgimento di attività professionali, l'incontro, tra gli altri.

Questo movimento ha preso come punto di partenza la non conformità della borghesia in ascesa nel XVIII e XIX secolo, con l'obiettivo di limitare i poteri del monarca, che durante il periodo ha commesso una serie di abusi a danno delle classi meno favorite, sono sintetizzati come diritti alla libertà.

Le norme sui diritti fondamentali di seconda generazione impongono già oggi un diverso modo di agire dello Stato, in quanto richiedono una sua più attiva partecipazione, attuando politiche pubbliche a favore della collettività, soprattutto nei settori dell'economia, della sanità, dell'istruzione e della cultura.

A questo proposito, Ingo Wolfgang Sarlet [31], per quanto riguarda gli standard dei diritti fondamentali di seconda generazione, commenta che:

> L'impatto dell'industrializzazione e i gravi problemi sociali ed economici che l'hanno accompagnata, le dottrine socialiste e la consapevolezza che la consacrazione formale della libertà e dell'uguaglianza non generava la garanzia del suo effettivo godimento finirono, già nel corso del XIX secolo, per generare ampi movimenti di rivendicazione e il progressivo riconoscimento dei diritti, attribuendo allo Stato un comportamento attivo nella realizzazione della giustizia sociale. Il segno distintivo di questi diritti è la loro dimensione positiva, in quanto non si preoccupano più di evitare l'intervento dello Stato nell'ambito della libertà individuale, ma piuttosto, nella formulazione lapidaria di C. Lafer, di fornire un "diritto a partecipare al benessere sociale".

Pertanto, l'evoluzione in campo sociale delle esigenze dello Stato è latente. Prima, lo Stato doveva solo non intervenire nella sfera privata, garantendo alla società l'esercizio di certi diritti, ma ha iniziato a pretendere una posizione più attiva e

---

[31] SARLET, Ingo Wolfgang. **L'efficacia dei diritti fondamentali**. Porto Alegre: Livraria do Advogado, 2009, p. 47.

partecipativa. Lo Stato ha così iniziato a svolgere un ruolo importante nel favorire il benessere sociale, promuovendo politiche pubbliche ed economiche in grado di portare alla società una migliore qualità della vita.

Le norme dei diritti fondamentali della terza generazione stavano già emergendo alla fine del XX secolo, basate sugli ideali di solidarietà e fraternità.

A Dicesar Beches Vieira Junior[32] :

> I diritti di terza generazione sono caratterizzati da una proprietà diffusa o collettiva, in altre parole, la proprietà di questi diritti non dipende solo dall'uomo, ma dalla collettività, dai gruppi sociali.
> Esempi di diritti fondamentali della terza generazione sono: il diritto all'ambiente, il diritto alla tutela del patrimonio storico e culturale dell'umanità, il diritto alla pace, tra gli altri altrettanto diffusi.

Secondo Noberto Bobbio[33], è stata la Dichiarazione Universale dei Diritti Umani (1948) a dare inizio agli standard dei diritti fondamentali di terza generazione. A questo proposito, l'autore cita che "mette in moto un processo in cui i diritti umani non dovrebbero più essere solo proclamati o solo idealmente riconosciuti, ma efficacemente protetti anche contro lo stesso Stato che li ha violati.

Le norme dei diritti fondamentali della terza generazione completano il "treppiede" della Rivoluzione Francese del 1789: libertà, uguaglianza e fraternità.

Celso Lafer [34], sull'argomento, commenta che:

> Mentre i diritti di prima generazione (diritti civili e politici) - che comprendono le libertà classiche, negative o formali - sottolineano il principio di libertà e i diritti di seconda generazione (diritti economici, sociali e culturali) - che si identificano con le libertà positive, reali o concrete - sottolineano il principio di uguaglianza, i diritti di terza generazione, che materializzano poteri di proprietà collettiva genericamente attribuiti a tutte le formazioni sociali, sanciscono il principio di solidarietà e costituiscono un momento importante nel processo di sviluppo, espansione e riconoscimento dei diritti umani, caratterizzati, come valori fondamentali non disponibili, dalla nota di inesauribilità essenziale.

Tuttavia, la dottrina non si è fermata alle norme della terza generazione, creando le norme della quarta generazione dei diritti fondamentali, quest'ultima riferita alla globalizzazione politica, che si traduce nel diritto alla democrazia, all'informazione e al pluralismo per gli altri. Le norme di diritto fondamentale della quarta generazione

---

[32] VIEIRA JUNIOR, Dicesar Beches. op. cit.
[33] BOBBIO, Norberto. op. cit.
[34] LAFER, Celso. **Sfide:** etica e politica. San Paolo: Siciliano, 1995, p. 239 .

riguardano l'ingegneria genetica, relativa ai processi che possono mettere a rischio la vita umana e alla manipolazione del materiale genetico.

Nel riassumere le norme delle prime due generazioni di diritti fondamentali, Flávia Martins André da Silva [35]afferma che

> I diritti della prima generazione o della prima dimensione ispirati alle dottrine illuministe e ai giudici naturalisti del XVII e XVIII secolo: saremmo i Diritti di Libertà, queste libertà religiose, politiche, civili classiche come il diritto alla vita, alla sicurezza, alla proprietà, all'uguaglianza formale (davanti alla legge), alle libertà di espressione collettiva, ecc. Questi sono i primi diritti da inserire nello strumento normativo costituzionale, ovvero i diritti civili e politici. I diritti di libertà sono detenuti dall'individuo, si traducono in facoltà o attributi della persona e mostrano una soggettività che è il suo tratto più caratteristico, essendo quindi i diritti di resistenza o di opposizione davanti allo Stato, cioè limitano l'azione dello Stato.
> Seconda generazione o seconda dimensione: sarebbero i Diritti dell'Uguaglianza, in cui sono la protezione del lavoro contro la disoccupazione, il diritto all'istruzione contro l'analfabetismo, il diritto alla salute, alla cultura, ecc. Questa generazione ha dominato il XX secolo, sono i diritti sociali, culturali, economici e collettivi. Sono diritti oggettivi, perché portano gli individui senza condizioni a salire al contenuto dei diritti attraverso meccanismi e l'intervento dello Stato. Chiedono l'uguaglianza materiale, attraverso l'intervento positivo dello Stato, per la sua realizzazione. Sono legate alle cosiddette "libertà positive", che richiedono un comportamento positivo dello Stato, attraverso la ricerca del benessere sociale.

L'autore continua[36] commentando in modo molto obiettivo le norme dei diritti fondamentali della terza e quarta generazione, esponendo il loro campo di incidenza e i loro riflessi:

> Terza generazione o terza dimensione, che si sono sviluppate nel XX secolo: saremmo i Diritti della Fraternità, in cui è il diritto a un ambiente equilibrato, a una sana qualità di vita, al progresso, ecc. Questa generazione è dotata di un alto livello di umanesimo e di universalità, poiché non sono stati concepiti solo per proteggere gli interessi dei singoli, di un gruppo o di un momento. Hanno riflettuto su questioni riguardanti lo sviluppo, la pace, l'ambiente, la comunicazione e il patrimonio comune dell'umanità.
> La quarta generazione o quarta dimensione, emersa nell'ultimo decennio, a causa dell'avanzato grado di sviluppo tecnologico: sarebbero i Diritti di Responsabilità, come la promozione e il mantenimento della pace, la democrazia, l'informazione, l'autodeterminazione dei popoli, la promozione dell'etica della vita difesa dalla bioetica, i diritti diffusi, il diritto al pluralismo, ecc. La globalizzazione politica nell'ambito della normatività giuridica è stata quella che ha introdotto i diritti di questa quarta generazione, che corrispondono alla fase finale di istituzionalizzazione dello Stato sociale. È legata alla ricerca genetica, con la necessità di imporre un controllo sulla manipolazione del genotipo degli esseri, soprattutto dell'uomo.

---

[35] SILVA, Flávia André Martins da. op. cit.
[36] Ibidem, pag. 4.

C'è anche chi difende l'esistenza di norme sui diritti fondamentali di quinta generazione che, per parte della dottrina, riguardano l'evoluzione della cibernetica e delle tecnologie legate alla realtà virtuale e a Internet. Per un altro, le norme dei diritti fondamentali della quinta generazione sono correlate al diritto alla pace.

La dottrina attribuisce solitamente alle norme dei diritti fondamentali anche le seguenti caratteristiche: storicità, inalienabilità, imprescrittibilità, non negoziabilità, relatività/limitabilità e personalità, che commenteremo singolarmente.

Per quanto riguarda la storicità delle norme sui diritti fondamentali, come possiamo già vedere nel corso di questa ricerca, essa consiste nel fatto che i diritti fondamentali sono stati forgiati nel corso di un processo storico, essendo oggetto di molte lotte e di accesi dibattiti. Pertanto, non sono nati dal nulla, ma dal bisogno della società di proteggere un certo diritto.

Per quanto riguarda l'inalienabilità delle norme sui diritti fondamentali, va osservato che esse non hanno carattere meramente patrimoniale e non possono, di norma, essere scambiate o vendute.

L'imprescrittibilità dei diritti fondamentali è giustificata dal fatto che essi non soffrono del fenomeno giuridico noto come prescrizione, poiché tale istituto raggiunge solo i diritti patrimoniali.

Quando si dice che un diritto fondamentale è inalienabile, si difende l'idea che esso non è plausibile di disposizione da parte del suo titolare, confondendosi con l'esistenza stessa della persona fisica, essendo estraneo al suo campo di disposizione.

La relatività/limitabilità delle norme sui diritti fondamentali riguarda la possibilità di relativizzare tali diritti, il che non significa negare loro la loro completa validità, ma piuttosto imporre limiti nel loro campo di incidenza, in modo proporzionale, per dare alle norme concordanze pratiche, e mai negare loro l'efficacia in modo totalitario.

Per quanto riguarda la personalità, si può capire che le norme dei diritti fondamentali sono insistenti dell'essere umano, confondendosi con la propria esistenza, è un diritto di nascita.

Nestor Sampaio[37], oltre alle caratteristiche sopra indicate, per quanto riguarda gli standard dei diritti fondamentali, ne presenta altri, vediamo:

---

[37] SAMPAIO, Nestor. **Caratteristiche dei diritti umani fondamentali**. Disponibile all'indirizzo: https://nestorsampaio.jusbrasil.com.br/artigos/112330165/caracteristicas-dos-direitos-humanos-fundamentais. 2014, p. 1.

La dottrina evidenzia le seguenti caratteristiche per i diritti fondamentali dell'uomo, che si riferiscono alla non ingerenza dello Stato nell'ambito dell'individualità, nel rispetto del valore etico della dignità umana:
I) Storicità - i diritti fondamentali hanno un carattere storico, provenienti dal cristianesimo, superando diverse rivoluzioni fino ai giorni nostri;
II) Universalità - raggiungono indistintamente tutti gli esseri umani; in questo senso parlano del "Sistema globale di protezione dei diritti umani";
III) Inesauribilità - sono inesauribili nel senso che possono essere ampliati, ampliati e in qualsiasi momento possono sorgere nuovi diritti (cfr. art. 5, § 2, CF);
IV) Essenzialità - i diritti umani sono inerenti all'essere umano, basati sui valori supremi dell'uomo e sulla sua dignità (aspetto materiale), assumendo una posizione normativa di rilievo (aspetto formale).
V) Imprescrivibilità - tali diritti non vanno persi nel tempo;
VI) Inalienabilità - non vi è alcuna possibilità di trasferire questi diritti in alcun modo;
VII) Irrenounciabilità - di loro non ci può essere rinuncia, perché nessuno può rinunciare alla propria natura;

L'autore sopra citato continua a [38]classificare le caratteristiche delle norme sui diritti fondamentali, il che suscita già in noi la varietà di disposizioni che identificano le caratteristiche delle norme sui diritti fondamentali qui presentate:

VIII) Inviolabilità - non può essere violata da leggi infra-costituzionali, o da atti amministrativi di un agente del potere pubblico, sotto pena di responsabilità civile, penale e amministrativa;
IX) Efficacia - La Pubblica Amministrazione deve creare meccanismi coercitivi in grado di far rispettare i diritti fondamentali;
X) Limitabilità - i diritti non sono assoluti, subendo restrizioni nei momenti di crisi costituzionale (Stato d'assedio) e anche di fronte ad interessi o diritti che, se affrontati, sono più importanti (Principio di ponderazione);
XI) Complementarietà - i diritti fondamentali devono essere osservati non isolatamente, ma in modo congiunto e interattivo con le altre norme, principi e obiettivi stabiliti dal costituente;
XII) Concorrenza - i diritti fondamentali possono essere esercitati in modo cumulativo quando, ad esempio, un giornalista trasmette un articolo di cronaca ed espone la sua opinione (libertà d'informazione, di comunicazione e di opinione).
XIII) Sigillare - i diritti umani non possono mai essere diminuiti o ridotti nel loro aspetto di protezione (lo Stato non può proteggere meno di quanto non abbia già fatto).

Una volta comprese tali informazioni, è possibile giungere alla comprensione che le regole dei diritti fondamentali hanno diversi significati giuridici, sia classificandole nelle loro dimensioni o generazioni, sia classificandole secondo le loro caratteristiche, non essendoci unanimità nella dottrina su nessuna di queste, essendo unanime solo l'importanza che il loro ruolo ha, come garante delle premesse

---

[38] Ibidem, p. 1.

fondamentali per la società, ed è per questo che godono di tale attenzione negli ambienti storici, sociali e giuridici.

1.2 La libertà di manifestazione e di riunione come diritti fondamentali secondo la Costituzione federale brasiliana del 1988

In via preliminare, si sottolinea che la libertà di manifestazione e di riunione sono diritti fondamentali, e questi sono esplicitamente previsti dall'articolo 5 della Costituzione della Repubblica Federativa del Brasile[39] :

> Art. 5. Ogni persona è uguale davanti alla legge, senza distinzione alcuna, garantendo ai brasiliani e agli stranieri residenti nel paese l'inviolabilità del diritto alla vita, alla libertà, all'uguaglianza, alla sicurezza e alla proprietà, secondo i seguenti termini:
> (...)
> IV - la manifestazione del pensiero è libera e l'anonimato è proibito.
> (...)
> XVI - Tutti possono riunirsi pacificamente, senza armi, in luoghi aperti al pubblico, indipendentemente dall'autorizzazione, purché non vanifichino un'altra riunione precedentemente convocata nello stesso luogo, previa comunicazione all'autorità competente.

Pertanto, è facile vedere che il legislatore originario, conferendo una tutela costituzionale agli istituti di libertà di riunione e di manifestazione, ha voluto, in nome della verità, proteggerli, conferendo loro una tutela differenziata; cioè una corazza costituzionale.

Tuttavia, dobbiamo affermare che le libertà di manifestazione e di riunione sono anche caratterizzate da una serie di altri strumenti internazionali, data la loro importanza.

A titolo di esempio, possiamo citare la Dichiarazione universale dei diritti dell'uomo[40], che, nonostante la sua obiettività nell'affrontare l'argomento, stabilisce

---

[39]BRASILE. **Costituzione della Repubblica Federativa del Brasile**. 1988. Disponibile all'indirizzo: http://www.planalto.gov.br/ccivil_03/constituicao/constituicao.htm. Accesso: 19. nov. 2019 , p. 2.
[40] Dichiarazione universale dei diritti umani. Disponibile all'indirizzo: https://www.ohchr.org/EN/UDHR/Documents/UDHR_Translations/por.pdf. Accesso: 20. nov. 2019, p. 5.

all'articolo 19[41] il diritto che l'individuo ha di esprimere la propria opinione senza essere disturbato, così come all'articolo 20[42] il diritto che ogni persona ha di tenere riunioni e associazioni, purché pacifiche.

La Convenzione americana dei diritti dell'uomo [43], che è un po' più dettagliata della suddetta disposizione legale sulla libertà di pensiero e di espressione, garantisce, nel suo articolo 13[44], il diritto che tutti hanno alla libertà di pensiero e di espressione. La Convenzione sottolinea che tale diritto comprende la libertà di cercare, ricevere e diffondere informazioni e idee, il cui esercizio non è soggetto a censura preventiva, il che non impedisce che la persona che lo esercita sia ritenuta responsabile dei propri atti.

Tuttavia, l'articolo in questione fa un avvertimento riguardo alle manifestazioni pubbliche, in cui si afferma esplicitamente che, in questi casi, può esserci una censura preventiva, con l'obiettivo esclusivo di regolarne l'accesso, mirando alla conservazione del morale nell'infanzia e nell'adolescenza.

La disposizione di legge in commento continua a chiarire che è vietata qualsiasi forma di propaganda a favore della guerra, così come qualsiasi scusa a

---

[41] Articolo 19 - Ogni individuo ha diritto alla libertà di opinione e di espressione; questo diritto include la libertà di avere opinioni senza interferenze e di cercare, ricevere e diffondere informazioni e idee attraverso qualsiasi mezzo di comunicazione e indipendentemente dalle frontiere.

[42] Articolo 20 - 1 Ogni individuo ha diritto alla libertà di riunione e di associazione pacifica.

[43] COMMISSIONE INTERAMERICANA PER I DIRITTI UMANI. **Convenzione americana sui diritti umani.** 1969. Disponibile all'indirizzo: https://www.cidh.oas.org/basicos/portugues/c.convencao_americana.htm. Accesso: 20. nov. 2019, p. 5.

[44] Articolo 13: Libertà di pensiero e di espressione:
1. Tutti hanno diritto alla libertà di pensiero e di espressione. Tale diritto comprende la libertà di cercare, ricevere e diffondere informazioni e idee di ogni tipo, indipendentemente dalle frontiere, sia oralmente che per iscritto, a mezzo stampa o sotto forma di opere d'arte, o attraverso qualsiasi altro processo di sua scelta.
2. 2. L'esercizio del diritto di cui al comma precedente non può essere soggetto a censura preventiva, ma a successive responsabilità, che devono essere espressamente previste dalla legge e necessarie per garantire:
a. il rispetto dei diritti o della reputazione altrui; o
b. la tutela della sicurezza nazionale, dell'ordine pubblico, della salute pubblica o della morale.
3. 3. Il diritto di espressione non può essere limitato con qualsiasi mezzo o mezzo indiretto, come l'abuso di controlli ufficiali o privati sulla carta da giornale, sulle radiofrequenze o sulle apparecchiature e gli apparecchi utilizzati per la diffusione di informazioni, o con qualsiasi altro mezzo inteso ad ostacolare la comunicazione e la circolazione di idee e opinioni.
4. La legge può sottoporre a preventiva censura gli spettacoli pubblici, con l'esclusivo scopo di regolarne l'accesso, per la tutela morale dell'infanzia e dell'adolescenza, fermo restando quanto previsto dal comma 2.
5. 5. La legge vieta qualsiasi propaganda a favore della guerra e qualsiasi scusa per l'odio nazionale, razziale o religioso che costituisca incitamento alla discriminazione, all'ostilità, al crimine o alla violenza.
La libertà di riunione e di manifestazione sono istituti essenziali per l'esistenza di uno Stato di diritto democratico, dove è richiesta una partecipazione popolare attiva, libera da interventi statali volti ad inibire l'esercizio di tali diritti.

favore dell'odio nazionale, razziale o religioso, che costituisce incitamento alla discriminazione, all'ostilità al crimine o alla violenza.

Alla fine della disposizione di legge ora in analisi, il legislatore ha voluto esplicitare l'importanza delle libertà di riunione e di manifestazione, che sono l'essenza di uno Stato di diritto democratico, attraverso la partecipazione popolare attiva, al riparo da interventi statali, con l'obiettivo di ostacolare l'esercizio di tali diritti.

Nell'articolo 15[45], la Convenzione americana dei diritti dell'uomo riconosce e garantisce il diritto di riunione. Tuttavia, finché è pacifico e senza armi, sottolineando che l'esercizio di tale diritto può essere soggetto ad alcune restrizioni previste dalla legge, per tutto il tempo necessario alla democrazia ed esercitato nell'interesse della sicurezza nazionale, dell'ordine pubblico e della morale, della protezione della salute, dei diritti e delle libertà altrui.

Il Patto internazionale sui diritti civili e politici[46], pubblicato nell'ambito interno del nostro Paese, con il Decreto del Presidente della Repubblica 6 luglio 1992, n. 592, disciplina, per quanto riguarda la libertà di espressione delle opinioni, all'articolo 19[47], l'impossibilità di molestare qualcuno a causa delle sue opinioni, garantendo la libertà di espressione. Ciò include la libertà di cercare, ricevere e comunicare informazioni e idee, sia verbalmente che per iscritto, a mezzo stampa o artisticamente, sotto la responsabilità delle persone nell'esercizio di tali diritti, oltre a chiarire che ci possono essere restrizioni legali all'esercizio di questo diritto, a condizione che si cerchi di mantenere il rispetto e la dignità degli altri, la protezione della sicurezza nazionale, dell'ordine, della salute o della morale pubblica.

---

[45] Articolo 15 Diritto di riunione: viene riconosciuto il diritto di riunione pacifica e disarmata. L'esercizio di questo diritto può essere soggetto solo alle restrizioni previste dalla legge e necessarie, in una società democratica, nell'interesse della sicurezza nazionale, della sicurezza o dell'ordine pubblico, o per proteggere la salute pubblica o la morale o i diritti e le libertà altrui.
[46] BRASILE. **Decreto n. 592 del 6 luglio 1992.** Atti internazionali. Patto internazionale sui diritti civili e politici. Promulgazione. Disponibile all'indirizzo: http://www.planalto.gov.br/ccivil_03/decreto/1990-1994/d0592.htm. Accesso: 20. nov. 2019 , p. 7.
[47] ARTICOLO 19
1. Nessuno può essere molestato dalle vostre opinioni.
2. Ogni individuo ha diritto alla libertà di espressione; tale diritto comprende la libertà di cercare, ricevere e diffondere informazioni e idee di qualsiasi tipo, indipendentemente dalle frontiere, oralmente o per iscritto, a mezzo stampa o sotto forma di opere d'arte, o su qualsiasi altro supporto di sua scelta.
3. 3. L'esercizio del diritto di cui al paragrafo 2 del presente articolo comporta doveri e responsabilità particolari. Di conseguenza, essa può essere soggetta a determinate restrizioni, che saranno tuttavia espressamente previste dalla legge e rese necessarie:
(a) garantire il rispetto dei diritti e della reputazione altrui;
b) per proteggere la sicurezza nazionale, l'ordine, la salute o la morale pubblica.

L'articolo 21[48] del Patto internazionale sui diritti civili e politici garantisce il diritto di riunione, a condizione, naturalmente, che sia pacifico, ma va notato che l'esercizio di questo diritto sarà soggetto a restrizioni imposte dalla legge, che sono necessarie in una società democratica, oppure sono necessari la sicurezza nazionale, il mantenimento dell'ordine pubblico, la protezione della salute, della morale pubblica o dei diritti altrui.

Pertanto, è facile rendersi conto che la tutela dei diritti di manifestazione e di assemblea, non è qualcosa di puntuale del nostro Paese. Si tratta di una preoccupazione globale, mentre diversi strumenti internazionali, come quelli sopra menzionati, si sono preoccupati di fornire la dovuta protezione a tali istituti, data la loro essenzialità per l'attuazione e il mantenimento di un regime democratico, dove la partecipazione popolare è più che essenziale, essendo la ragion d'essere del regime stesso.

Ingo Wolfgang Sarlet[49] , parlando di libertà di manifestazione e di riunione, considerando la tutela di tali istituti nello scenario internazionale, nonché nelle nostre disposizioni normative nazionali, ha sottolineato che

> Tra le libertà fondamentali già riconosciute nelle prime dichiarazioni dei diritti e poi incorporate nei cataloghi dei diritti di tutte le costituzioni che intendono essere democratiche, oltre al loro ampio riconoscimento e alla loro tutela ai sensi del diritto internazionale dei diritti umani, le libertà di riunione e di manifestazione, come mezzo per esprimere la libertà di espressione, occupano un posto di primo piano.
> Ciò vale anche per il costituzionalismo brasiliano sin dalla Carta imperiale del 1824, che non richiede ulteriori dimostrazioni in questo caso, almeno per quanto riguarda la previsione di tali libertà nei testi costituzionali e in virtù della ratifica dei principali trattati internazionali, in particolare il Patto sui diritti civili e politici del 1966, nonché la Convenzione americana sui diritti umani del 1969, sebbene la sua integrazione nel diritto interno sia avvenuta formalmente solo nella prima metà degli anni Novanta.

L'importanza dei diritti fondamentali della manifestazione e dell'assemblea è chiara nel testo di cui sopra, occupando un posto di rilievo nelle costituzioni dei Paesi democratici, in particolare nelle Costituzioni brasiliane, fin dal 1824.

---

[48] ARTICOLO 21. È riconosciuto il diritto di riunione pacifica. L'esercizio di questo diritto è soggetto solo alle restrizioni previste dalla legge ed è necessario, in una società democratica, nell'interesse della sicurezza nazionale, della sicurezza o dell'ordine pubblico o per proteggere la salute pubblica o la morale o i diritti e le libertà altrui.
[49] SARLET, Ingo Wolfgang. **Diritti fondamentali**: la comprensione della Corte Suprema dei diritti di assemblea e di manifestazione. 2019. Disponibile all'indirizzo: https://www.conjur.com.br/2019-jan-11/direitos-fundamentais-entendimento-stf-liberdade-reuniao-manifestacao. Accesso: 20. nov. 2019 , p. 1.

A questo proposito, secondo Marcio Cammarosano[50] , i diritti alla libertà di manifestazione e di riunione, in quanto diritti fondamentali, impongono a tutti, agenti pubblici o privati, il dovere di rispettarli, senza imbarazzarne l'esercizio:

> Si tratta quindi di un diritto fondamentale, che impone a tutti, agli agenti pubblici e ai cittadini in generale, alle persone giuridiche di diritto pubblico e privato, agli enti pubblici non personalizzati, insomma, in senso stretto, il dovere di rispettare, assicurare, non impedire, non imbarazzare e non vanificare il regolare esercizio di questo diritto. Coloro che lo attaccano, per azione o omissione, sono soggetti a responsabilità, anche per abuso di autorità, se presente.

La Carta costituzionale in vigore nella Repubblica Federativa del Brasile, garantendo i diritti di libertà di manifestazione e di riunione, lo ha fatto esplicitamente, senza limitare l'esercizio di tali diritti a determinati gruppi, in modo che a tutti, siano essi individui o società, pubblici o privati, sia garantito l'esercizio di tali diritti.

Una volta che lo Stato garantisce a un cittadino il diritto di potersi soddisfare, può sorgere la necessità di concedergli un altro diritto, quello di esprimersi. Tali diritti, esercitati dalla popolazione per esprimere i propri pensieri e ideali su questioni di natura politica, sono molto temuti dai regimi dispotici o dittatoriali, poiché non accettano interferenze nei loro regimi.

Ecco perché questi regimi antidemocratici cercano a tutti i costi di soffocare e sterminare i diritti che ora vengono affrontati, poiché possono mettere in secondo piano i loro governi.

Per quanto riguarda la libertà di manifestazione, la Carta costituzionale brasiliana ha fatto una riserva, non garantendo tale diritto in modo assoluto, in quanto proibiva l'anonimato.

Per alcuni va sottolineato che si tratta di una piccola minoranza radicale, come si evince da una pubblicazione contenuta in un testo estratto dal quotidiano "O Globo"[51] del 27 settembre 1987, la recinzione all'anonimato da parte del legislatore costituzionale implicherebbe un'offesa alla produzione culturale popolare e la limitazione dei diritti conferiti alla stampa[52], poiché secondo l'attuale commento, la

---

[50] CARMMAROSANO, Márcio. **Diritto di riunione:** limiti. 2015. Disponibile all'indirizzo: http://www.direitodoestado.com.br/colunistas/marcio-cammarosano/direito-de-reuniao-limites. Accesso: 19. nov. 2019 , p. 1.
[51] IL GLOBO. **Diritto all'anonimato.** 1987. Disponibile all'indirizzo: https://www2.senado.leg.br/bdsf/bitstream/handle/id/152657/Set%201987%20-%200064.pdf?sequence=3. Accesso: 26. nov. 2019.
[52] Una tale restrizione avrebbe un impatto diretto sulla produzione culturale popolare - il folklore, l'aneddoto, che di solito è anonimo. Eppure è spesso la materia prima di una produzione culturale

limitazione all'anonimato mira a limitare lo sfruttamento del sensazionalismo, del diritto di informare e di essere informati, danneggiando il giornalismo investigativo.

Tuttavia, contrariamente a quanto affermato nella relazione di cui sopra, non ha senso affermare che la recinzione all'anonimato sarebbe una sorta di censura della stampa. Al contrario, poiché l'apparecchio garantisce il diritto alla libertà di manifestazione, conferisce prestigio alla categoria professionale sopra menzionata, magari danneggiando quello strato che era destinato ad utilizzare lo scudo di una professione, ad esercitare atti contrari alla legge, in quanto, dovendosi identificare, potrebbe essere ritenuto responsabile.

Pertanto, l'idea proposta nella relazione, che sostiene un'armatura senza senso, non vale la pena di essere mantenuta. Dopotutto, ognuno deve rispondere delle proprie azioni, sotto pena di un vero e proprio sovvertimento dell'ordine giuridico, che culmina nel disordine pubblico.

Così, per il legislatore originario, il cittadino può esprimersi come vuole, sull'argomento che vuole, purché, naturalmente, si identifichi, non implicando tale requisito in violazione del diritto di argomentazione, tanto meno un atto di censura, come già difeso.

Questo avvertimento ha una spiegazione logica, cioè di poter identificare l'autore e di poterlo ritenere responsabile della pratica di atti in campo penale,

---

erudita e autentica, oltre che un ingrediente della comunicazione umana informale e quotidiana. Perché tanta avversione per l'anonimato? CONSTITUTO sembra prendere di mira la stampa, volendo evitare lo sfruttamento del sensazionalismo, la creazione di meccanismi permanenti di ricatto, calunnia, diffamazione e insulto. Nell'ipotesi, il minimo che si possa dire di questo sfortunato congegno è che, sparando a ciò che hai visto, hai ucciso ciò che non hai visto - e il più prezioso, socialmente e civilmente. Al fine di tutelare l'anonimato, la Costituente riduce il diritto di informare e di essere informato. E così tante informazioni sono strettamente condizionate alla conservazione della fonte che un tale dispositivo proibirebbe completamente il giornalismo investigativo nel Paese, una delle forme di lavoro di una stampa adulta e consapevole della sua responsabilità sociale. Se il sostituto sancisce il diritto di accesso del cittadino a tutte le informazioni e i riferimenti che lo riguardano, è incoerente negare il diritto all'anonimato, che spesso garantisce a tutti le informazioni più utili e rilevanti - l'episodio del Watergate, ad esempio, per dirlo. In generale, il divieto dell'anonimato gioverebbe solo a una calma irresponsabilità istituzionalizzata, quella dello Stato e dei suoi agenti. Perché un giornalismo come il nostro è da tempo progredito oltre l'ingenuità nel trattamento delle fonti; può benissimo essere punito, solo dal diritto penale comune, per qualsiasi leggerezza nella diffusione dell'informazione; e molto di più per l'impegno alla diffamazione e alla calunnia. Volere andare oltre quanto previsto dalla legge e quanto la nostra pratica ha consacrato, è prendere dalle agenzie di formazione dell'opinione pubblica la qualifica civica di interlocutori del Potere. DISPOSITIVI come questo confermano l'impressione che la Costituente sia concentrata sull'organizzazione della società, piuttosto che lasciarla libera, nel suo diritto di organizzarsi. In quello che, tra l'altro, la società brasiliana, nonostante tanta tradizione autoritaria, si è dimostrata molto più competente e agile dello Stato; molto più matura e determinata di uno Stato che non di rado riappare come indefinito ed esitante. I servizi che la Costituente ha bisogno di mostrare sono più quelli in cui la società discerne più prospettive di libertà.

amministrativo e civile, una volta configurato l'abuso del diritto in tali pratiche, argomento che sarà ulteriormente sviluppato.

Su questo tappeto, Nathalia Masson [53], parlando della recinzione dell'anonimato, in riferimento ai danni morali, materiali e di immagine derivanti dalle manifestazioni, fa notare che:

> In altre parole: la Costituzione prevede che le manifestazioni che causano un danno materiale o morale o un danno all'immagine altrui generano, in cambio, il diritto di risposta, proporzionale al reclamo, oltre al risarcimento (art. 5, V). Da qui la necessità di vietare l'anonimato, al fine di consentire l'identificazione dell'autore e di prendere eventuali risposte proporzionate al ricorso interlocutorio (desagravo), nonché la richiesta legale di risarcimento per danni materiali e/o morali, o anche azioni penali nei casi di delitti contro l'onore.

Gilmar Ferreira Mendes e Paulo Gustavo Gonet Branco[54] comprendono che all'interno della libertà di manifestazione/espressione sono compresi alcuni altri diritti, che derivano proprio dall'esercizio della libertà di espressione:

> La libertà di espressione comprende varie facoltà, come la comunicazione di pensieri, idee, informazioni, critiche, che possono assumere modalità non verbali (comportamentali, musicali, per immagine, ecc.). Il grado di protezione che ciascuna di queste forme di espressione riceve di solito varia, anche se tutte sono protette dalla Legge Maggiore. [...] La libertà di espressione viene poi elogiata come strumento per il funzionamento e la conservazione del sistema democratico (il pluralismo delle opinioni è vitale per la formazione del libero arbitrio)". [...] L'essere umano si forma a contatto con il prossimo, mostrandosi libero di comunicare come condizione rilevante per la propria igiene psicosociale. Il diritto di comunicare liberamente si collega alla caratteristica della socievolezza, essenziale per l'essere umano

Per quanto riguarda la libertà di riunione, la Costituzione federale richiede all'articolo 5, XVI, che per l'esercizio di questo diritto, l'assemblea deve essere pacifica, senza armi, in luoghi aperti al pubblico.

Inoltre, prevede anche per il legislatore originario che, per l'esercizio del diritto di riunione, esso sia indipendente dall'autorizzazione, richiedendo solo la previa comunicazione all'autorità competente. Lo scopo dell'avviso, secondo il testo costituzionale, è di evitare la frustrazione di un altro incontro precedentemente convocato nello stesso luogo.

---

[53] MASSON, Nathalia. **Manuale di diritto costituzionale**. 4. ed. Salvador: JusPODIVM, 2016, p. 239.
[54] MENDES, Gilmar Ferreira; BIANCO, Paulo Gustavo Gonet. **Corso di diritto costituzionale**.12. ed. São Paulo: Saraiva, 2017, p. 233.

Questa volta è quasi automatico dedurre che, una volta che i limiti costituzionali allora stabiliti per l'esercizio del diritto di riunione non sono stati offesi, è libero di esercitarlo, non dipendendo dall'autorizzazione di nessuno, ma solo da una preventiva comunicazione all'autorità competente, quando viene esercitato in luoghi aperti al pubblico.

Bridges de Miranda [55] , commentando il ruolo dell'autorità di polizia nell'esercizio del diritto di riunione, disposto:

> La polizia non ha la possibilità di considerare o apprezzare la convenienza dell'incontro - La polizia non può intervenire senza disturbare l'ordine. Semplici inconvenienti non giustificano il loro intervento, né la probabilità di produrre l'atto o di incontrare conseguenze inquietanti o criminali. Inoltre, ciò che deve proteggere è l'ordine, e non la difesa di certi diritti privati, o dei governanti, perché tale missione è solo giustizia.

Nella stessa linea di ragionamento, Ingo Wolfgang Sarlet[56] è ben felice di chiarire che il semplice fatto di comunicare all'autorità di polizia non induce a concludere che essa debba autorizzare, oltre a difendere che l'intervento nell'atto, da parte di quest'ultima, debba avvenire solo se vengono commessi abusi o illeciti:

> In questo senso, è noto (e la dottrina assolutamente maggioritaria lo sostiene) che il requisito della previa convocazione di una riunione ha come scopo non l'impedimento o addirittura una limitazione aprioristica del suo oggetto e della sua portata, ma piuttosto di garantirne il libero e sicuro svolgimento, in modo da soddisfare gli altri requisiti costituzionali (carattere pacifico e nessun uso di armi) e non implica l'impraticabilità del godimento di altri diritti fondamentali. Ricordate, in questo contesto, che il dovere stesso dello Stato di tutelare la libertà di riunione, per poterla esercitare con una certa efficacia, presuppone che il potere pubblico prenda coscienza in anticipo del suo adempimento. Il requisito del preavviso, quindi, non viene confuso con la necessità di una preventiva autorizzazione alla convocazione e allo svolgimento di una riunione in luogo pubblico, che, peraltro, è stata oggetto di specifico e categorico divieto costituzionale.

L'autore continua[57] commentando, spiegando, sulla base di un voto visto dal ministro della Corte suprema federale Alexandre de Moraes, che l'inapplicabilità dell'autorizzazione non elimina la necessità di un preavviso alle autorità. Questa comunicazione dovrebbe avvenire in modo da poter adottare le misure appropriate per

---

[55] MIRANDA, Ponti di. **Commenti sulla Costituzione del 1967 con l'emendamento n. 1 del 1969.** Tomo V, p. 603.
[56] SARLET, Ingo Wolfgang. op. cit.
[57] Ibidem, p. 5.

la specie al fine di minimizzare l'impatto dell'atto risultante dalla dimostrazione su altri strati della società. Vediamo un po':

> Come ben sintetizzato nel voto del ministro Alexandre de Moraes, l'inapplicabilità dell'autorizzazione non elimina "la necessità costituzionale di una comunicazione preventiva alle autorità per esercitare i comportamenti richiesti alle stesse, come la regolarizzazione del traffico, la garanzia della sicurezza - sia dei manifestanti che degli altri membri della Società - e dell'ordine pubblico, l'impedimento a tenere un'altra riunione"; perché, come dice giustamente Paolo Barile, il diritto di riunione è un diritto individuale e una garanzia collettiva, poiché consiste sia nella possibilità per alcuni raggruppamenti di persone di riunirsi per la libera manifestazione del loro pensiero, concretizzando la titolarità di tale diritto anche per le minoranze, sia nella libera scelta individuale di partecipare o meno a tale riunione, non essendo obbligati dai manifestanti a partecipare o a cessare la loro attività" (*Diritti dell'uomo e libertà fondamentali*. Bologna: Il Molino, 1984. p. 182-183).

In questa linea di ragionamento, l'autore continua a[58] sostenere che l'atto di informare l'autorità di polizia sull'esercizio del diritto di riunione non corrisponde alla mera soggettività derivante dall'esercizio del diritto stesso, ma piuttosto ad un obbligo del suo titolare nei confronti di terzi, che sono titolari di pari diritti di natura fondamentale, meritevoli di pari tutela giuridica.

> Anche se la comunicazione preventiva è legata anche alla garanzia dei diritti fondamentali di natura difensiva e di utilità per i terzi, e non solo come strumento di salvaguardia della propria realizzazione, non è questo il punto da esplorare, almeno in questo caso, per cui la nostra intenzione qui era solo di sottolineare la ragione dell'esistenza dell'esigenza costituzionale.
> Inoltre, la possibilità che le autorità pubbliche richiedano la notifica preventiva del verificarsi di un incontro (informando, tra l'altro, il luogo e l'ora) è stata ampiamente incanalata nel diritto straniero e nel diritto internazionale dei diritti umani, come riportato anche, in maniera più trattenuta, nella votazione di cui sopra, ma fornisce anche un resoconto della letteratura sull'argomento in generale. Va sottolineato, tuttavia, che tale esigenza non deve creare ostacoli sproporzionati ed eccessivi, che potrebbero, in ultima analisi, impedire e persino ostacolare lo svolgimento stesso della riunione.
> Ciò che rimane aperto, tuttavia, è oggetto di discussione nella sentenza ora commentata dalla FST se il requisito costituzionale implichi una certa forma e un certo contenuto. In questo senso, va sottolineato che il testo costituzionale non dice nulla al riguardo, riferendosi solo al carattere preventivo della comunicazione e che essa deve essere indirizzata all'autorità competente.

Pertanto, secondo il testo costituzionale, la notifica preventiva all'autorità di polizia sarebbe un requisito per il regolare esercizio del diritto di riunirsi in luoghi aperti al pubblico.

---

[58] Ibidem, p. 5.

Resta inteso, tuttavia, che tali incontri di piccoli gruppi di persone, il cui atto non comporterà la limitazione dell'esercizio di altri diritti da parte di terzi, sulla base di un giudizio di proporzionalità e ragionevolezza, non richiederebbero nemmeno la preventiva comunicazione all'autorità di polizia.

Tuttavia, è imperativo notare che questo è un rischio che i partecipanti devono correre quando non notificano alle autorità la "piccola riunione"; cioè agiscono a proprio rischio, poiché se viene individuato un ostacolo ai diritti di terzi, l'autorità di polizia può sciogliere l'atto, poiché non era stata avvertita in tempo per prendere le misure amministrative appropriate per minimizzare tali impatti.

Inoltre, è inteso che, quando un'autorità di polizia viene avvertita che eserciterà il suo diritto costituzionalmente assicurato di riunirsi in un certo luogo aperto al pubblico in un certo giorno, ora e luogo, tale comunicazione sarebbe in grado di assicurare il comunicatore, come se fosse una sorta di riserva di priorità per la pratica dell'atto.

In tal caso, nel caso di un terzo che non abbia comunicato l'autorità di realizzazione del diritto di riunione, in un luogo aperto al pubblico, se dovesse incontrare altre persone, nello stesso luogo, il cui avviso sia stato dato da un terzo, che eserciterebbe lo stesso diritto in quel luogo, alla stessa ora e data, tale avviso darebbe una sorta di diritto di preferenza al comunicante previsto.

È giusto, poiché a chi ha soddisfatto i requisiti di legge viene data la preferenza a chi si è assunto il rischio delle sue azioni, avventurandosi contro la legislazione.

La cosa completamente diversa è collegare l'esercizio del diritto di riunione, all'autorizzazione dell'autorità locale, in quanto può caratterizzare un atto di abuso di potere, e l'autorità locale può essere correttamente ritenuta responsabile nei più diversi ambiti - civile, amministrativo e penale - in quanto la legislazione costituzionale richiede solo la mera e preventiva comunicazione.

Secondo il giudice del Tribunale federale Celso de Melo[59], il diritto di riunione si basa su cinque elementi fondamentali, come indicato nell'argomentazione del mancato rispetto del precetto fondamentale (ADPF) 187:

---

[59] STF. **Argomento di non conformità al precetto fondamentale 187. Relatore il ministro Celso de Mello.** Distretto Federale, Brasilia, 2011. Disponibile all'indirizzo: http://www.stf.jus.br/arquivo/cms/noticiaNoticiaStf/anexo/ADPF187merito.pdf. Accesso: 22. nov. 2019, p. 17.

a) elemento personale: pluralità di partecipanti (i brasiliani e gli stranieri che risiedono qui hanno la legittimazione attiva ad esercitare il diritto di riunione);
b) Elemento temporaneo: l'incontro è necessariamente transitorio, essendo quindi interrotto e non permanente, potendo svolgersi di giorno o di notte;
c) elemento intenzionale: l'incontro ha un senso teleologico, finalisticamente orientato. Mira a un fine, che è comune a chi vi partecipa;
d) elemento spaziale: il diritto di assemblaggio è proiettato su un'area territorialmente delimitata. L'incontro, a seconda del luogo in cui si svolge, può essere pubblico (strade, vie e luoghi pubblici) o interno (residenze private, v.g.);
e) elemento formale: l'incontro presuppone organizzazione e direzione, anche se precaria.

Sviluppando il suo ragionamento, soprattutto per quanto riguarda l'inesistenza di interesse per l'oggetto motivante dell'atto, segnala anche il ministro Celso de Melo[60]:

> Qualunque sia lo scopo dell'incontro o del raggruppamento di persone, siano esse poche o molte, è essenziale che l'incontro, per meritare la protezione costituzionale, sia pacifico, cioè che si svolga "senza armi", senza violenza o incitamento all'odio o alla discriminazione, tenendo presente, per quanto riguarda tale esigenza, l'avvertimento di PONTES DE MIRANDA ("Comentários à Constituição de 1967 com a Emenda no 1 de 1969", tomo V/604, punto n. 10, 2° ed./2a tir, 1974, RT), per i quali "(...) la polizia non può vietare o far cessare l'incontro, perché uno o alcuni dei presenti sono armati. Le misure di polizia sono contro chi, con il proprio atto, perde il diritto di incontrare gli altri, e non contro chi si ritrova senza armi. Contro di loro, le misure di polizia sono contrarie alla Costituzione e punibili per legge.
> L'essenzialità di questa libertà fondamentale, che si manifesta nel diritto di ogni persona di incontrarsi con gli altri, pacificamente, senza armi, in luoghi pubblici, indipendentemente dalla preventiva autorizzazione di organi o agenti dello Stato (da non confondere con la determinazione costituzionale di "preavviso all'autorità competente"), è talmente significativa che i modelli politico-giuridici della democrazia costituzionale non consentono nemmeno al Potere Pubblico di interferire nell'esercizio del diritto di riunione.

Lo spiegano Gilmar Ferreira Mendes e Paulo Gustavo Gonet Branco[61], commentando il diritto di riunione, poi scolpito nella nostra lettera di presentazione:

> Il diritto all'incontro comporta una pretesa di rispetto, non solo il diritto di stare con gli altri nella stessa comunità organizzata, ma anche di convocare la manifestazione, di prepararla e di organizzarla. Il diritto di riunione richiede il rispetto di ogni processo prima dell'evento e dell'esecuzione della manifestazione. Lo Stato non deve interferire in questo esercizio - qui abbiamo l'angolo del diritto all'astensione dei poteri pubblici (diritto negativo). Il diritto di riunione ha, invece, un aspetto del diritto dello Stato di fornire servizi. Lo Stato deve proteggere i manifestanti garantendo il regolare godimento del diritto di riunione. Questa protezione dovrebbe essere

---

[60] Ibidem, p. 17.
[61] MENDES, Gilmar Ferreira; BIANCO, Paulo Gustavo Gonet. op. cit. , p. 443.

esercitata anche di fronte ai gruppi che si oppongono all'incontro, per evitare che disturbino la manifestazione.

In questo contesto, è innegabile che oggi, sempre più spesso, la magistratura viene provocata a manifestarsi su alcune questioni che implicano la garanzia dei diritti fondamentali, e lo ha fatto, dando il primato alla tutela di questi diritti. Ingo Wolfgang Sarlet[62] insegna sull'argomento:

> Nel caso della Costituzione federale del 1988, dove i diritti e le garanzie fondamentali hanno raggiunto il loro massimo livello, dal punto di vista quantitativo e qualitativo, di riconoscimento e protezione, le libertà di comunicazione erano particolarmente solide, sia dal punto di vista del diritto costituzionale positivo che dal punto di vista giurisprudenziale, fatte salve, ovviamente, le eccezioni. In termini generali, quindi, è possibile affermare che la magistratura brasiliana, con ampio risalto per i tribunali superiori e, in particolare, per la Corte suprema federale, ha progressivamente e sempre più occupato una posizione preferenziale di tali libertà, compresa qui la libertà di riunione.

Ma la provocazione della nostra Corte suprema a manifestarsi su tali questioni non è qualcosa che è emersa negli ultimi tempi. A titolo di esempio, possiamo citare l'*habeas corpus* 4.781/BA concesso dalla Corte Suprema, con la segnalazione del giudice Edmundo Lins, che ha assicurato a Ruy Barbosa, così come ai suoi sostenitori, il diritto di esercitare la libertà di riunione e di manifestazione. Questi diritti erano stati limitati dalle autorità locali, che, a loro volta, miravano ad impedire la diffusione di ideali contrari ai loro interessi politici nella regione.

Nel riferire l'*habeas corpus* 4.781/BA, il ministro Edmundo Lins [63] ha sottolineato l'importanza di proteggere i diritti della libertà di manifestazione e di espressione. Questi diritti sono le pietre miliari di uno Stato democratico basato sullo stato di diritto. Dal suo voto, evidenziamo i seguenti passaggi, a partire dall'enfasi posta dal Ministro sulla limitazione dei poteri dell'autorità di polizia, sottolineando che tale autorità non può innovare in ambito legislativo, creando restrizioni dove la legge non ha portato:

> Infatti, dopo aver assicurato il diritto di tutti gli individui di riunirsi liberamente e senza armi, il legislatore costituente ha definito molto bene, a questo

---

[62] SARLET, Ingo Wolfgang. 2019. op. cit.
[63] STF. **Habeas Corpus: HC 4.781. Relatore: Ministro Edmundo Lins.** DJ: 05/04/1919. Disponibile all'indirizzo:
http://www.stf.jus.br/portal/cms/verTexto.asp?servico=sobreStfConhecaStfJulgamentoHistorico&pagina=STFdescricaoHC4781. Accesso: 21. nov. 2019 , p. 2.

proposito, la funzione preventiva della polizia, *verbis* "la polizia non può intervenire se non per mantenere l'ordine pubblico" (art. 72, § 8).

(...)

Né la polizia può localizzare le *riunioni* o stabilire che possono essere tenute solo in determinati luoghi se sono convocate per scopi legittimi, come nella specie:

1) perché questo sarebbe importante, in fondo, per sopprimerli, perché basterebbe a designare dei luoghi, o senza la capacità necessaria per il più grande agglomerato di persone, o di solito frequentato solo da individui di bassa classe, loietti o bottiglie;

2) perché nessuno può essere costretto a smettere di fare qualcosa se non in virtù della legge (Fed, art. 72, § 1.); ora, non c'è una legge che prescriva di tenere solo raduni in luoghi precedentemente fissati dalla polizia; e, al contrario, ciò che la legge in vigore prevede è che "non è considerata sedizione, o raduno illecito, il raduno di persone disarmate, al fine di rappresentare contro le ingiustizie, le vessazioni e le malversazioni dei dipendenti pubblici; né il raduno pacifico e disarmato di persone in piazze pubbliche, teatri, e qualsiasi altro edificio o luogo conveniente per esercitare il diritto di discutere e rappresentare gli affari pubblici". Per l'esercizio di tale facoltà non è richiesta l'autorizzazione preventiva dell'autorità di polizia, che può vietare l'adunanza annunciata solo in caso di sospensione delle garanzie costituzionali, limitata in tal caso, nell'azione di scioglimento dell'adunanza, mantenendo le formalità di legge e sotto le sanzioni ivi previste" (Codice penale, art. 123 e comma unico).

Il ministro Edmundo Lins [64] ha poi fatto riferimento alle garanzie costituzionali, che ha sottolineato nel suo giudizio che non erano state sospese al momento dell'evento, motivo per cui non c'era alcuna giustificazione per non essere assicurate. Vediamo:

Ora, non crediamo di avere le garanzie costituzionali sospese. E, nel frattempo, il Governatore di Bahia ha inviato al Presidente della Repubblica un telegramma, al quale ha partecipato, con la più candida ingenuità e come la cosa più naturale di questo mondo e la cosa più legale, che "il vostro Capo della Polizia, il dott. Alvaro Cóva, ha deciso di vietare l'*incontro* annunciato per oggi, nel quale il dottor Guilherme de Andrade doveva parlare a nome del senatore Epitácio Pessôa, e anche di tutti gli altri annunciati" (Jornal do Comércio, 27 marzo 1919, in fls.).

(...)

Il dottor Guilherme de Andrade, così come chiunque altro sia chiamato, non solo in quel luogo ma anche in qualsiasi altro punto, che ostacola il traffico e disturba la tranquillità pubblica" (fl.).

E inoltre, in risposta alle informazioni richieste da questa Corte, il Dr. Governatore di Bahia, dopo aver fatto riferimento ai successi del 25 marzo, in piazza Rio Branco, aggiunge che Il Segretario della Pubblica Sicurezza ha deciso di non acconsentire a tenere un comizio nella suddetta piazza e altri in circostanze simili" (fl.): questa è una prova provata dell'abuso di potere, della flagrante illegalità della procedura del Capo della Polizia di Bahia e, quindi, dell'imminente violenza, temuta dall'impetuoso, quindi.

Nel commentare l'atto compiuto dal Governatore dello Stato di Bahia, sulla base di una decisione presa dal Capo della Polizia, fatta eccezione per l'esistenza di

---

[64] Ibidem, pag. 3.

una disposizione costituzionale relativa al diritto di manifestare e di riunirsi, considerato il Ministro Edmundo Lins[65] , ancora in votazione:

> Mentre la Costituzione federale stabilisce espressamente che "ognuno ha il diritto di associarsi e di riunirsi liberamente e senza armi, e la polizia non può intervenire se non per mantenere l'ordine pubblico". (Art. 72, § 8);
> Considerando che, in qualsiasi materia, è libera la manifestazione del pensiero da parte della stampa o del tribuno, senza dipendere dalla censura, essendo ciascuno responsabile degli abusi che commette, nei casi e nella forma che la legge determina. (Art. 72, § 12).
> Mentre "il raduno pacifico e disarmato del popolo nelle piazze, nei teatri e in ogni altro edificio o luogo conveniente per esercitare il diritto di discutere e rappresentare gli affari pubblici non è considerato una sedizione o un'assemblea illegale". (Codice penale, art. 123), esattamente lo scopo per il quale è impetrato l'attuale "habeas corpus";
> Considerando, infine, che la polizia non ha alcun diritto di localizzare *riunioni* o raduni; perché, per l'utilizzo di questa facoltà (quella trascritta sopra), non è richiesta l'autorizzazione preventiva dell'autorità di polizia, che può solo vietare la riunione annunciata, in caso di sospensione delle garanzie costituzionali, (cosa che non avviene nella specie) e anche in tal caso, "limita la sua azione per sciogliere la riunione, mantenendo le formalità di legge e sotto le sanzioni ivi imposte". (Codice penale, comma unico dell'art. 123, suprascript).
> Concordare, in seno alla Corte Suprema, come sopra, di concedere questo ordine di 'habeas corpus' al senatore Ruy Barbosa e a tutti gli individui nominati nella petizione di fls. 2 e nel principio della presente Sentenza, affinché possano esercitare, nell'ADPF 187 / DF capitale dello Stato di Bahia e in qualsiasi parte di esso, il diritto di riunirsi, e più ancora, pubblicamente, per parlare nelle piazze, nelle strade, nei teatri e in qualsiasi recinto, senza ostacoli di qualsiasi natura, e con la sicurezza della loro vita e della loro gente, tenendo i comizi che ritengono necessari e convenienti per la propaganda della candidatura dell'impetrante a succedere al Presidente della Repubblica, senza censura e senza impedimenti di qualsiasi autorità locale o dell'Unione.

L'allora ministro della Corte suprema federale, Ariomar Baleeiro[66] , nel fare brevi commenti sul caso, ha preso posizione sul diritto di manifestare e di incontrarsi che sono stati violati nello Stato di Bahia, durante la campagna presidenziale di Ruy Barbosa:

> Dal lontano passato, collego la Corte Suprema alle reminiscenze dei miei 13 anni a Bahia. Il mio centro storico era stato bollente con la campagna presidenziale di RUY BARBOSA e EPITÁCIO PESSOA nel 1919. Sono stati gravemente feriti durante un rally, MEDEIROS NETTO e SIMÕES FILHO. PEDRO LAGO è fuggito, ma ha subito altre violenze da parte dei sicari. Le vittime erano amici politici e personali di mio padre e di mio nonno. Mio fratello maggiore, ancora studente di legge, lavorava per il giornale dell'opposizione, bersaglio delle minacce della polizia. Tutto questo ha riscaldato l'atmosfera della nostra casa. In realtà, tutta Bahia bruciava di febbre da festa. Per i ruisti, era un apostolato civico e non una disputa di fazione.

---

[65] Ibidem, pag. 4.
[66] STF. 2011. op. cit.

Ha temuto per la vita di RUY stesso quando è venuto a pronunciare la conferenza annunciata a breve. Era anche sospettato del governo della Repubblica, perché aveva ordinato con sdegno alla forza federale di ammainare la bandiera dell'edificio delle Poste, con il pretesto di aver ricevuto l'indignazione dei sostenitori del candidato bahiano.

Il ministro Ariormar Baleiro continua, [67] raccontando, con dovizia di particolari, il fatto che, senza ombra di dubbio, è entrato nella storia della Corte suprema brasiliana:

> In questo clima elettrificato, la notizia che la Corte Suprema aveva concesso a RUY e alle sue coorti un mandato di habeas corpus per potersi muovere e riunirsi in un comizio è caduta come un fulmine. Il cambiamento di atteggiamento della polizia locale è stato presto notato, che, appassita, ha abbandonato il suo atteggiamento provocatorio. RUY sbarcò da una nave e la gente chiese che l'auto fosse trainata a mano, su per le colline, a circa 10 km, fino al quartiere di Graça, in mezzo al più grande delirio della massa, a cui já ho assistito. Ho guardato il saluto rivoltogli, a nome di Bahia, nel bel mezzo del viaggio, il vecchio CARNEIRO RIBEIRO, con la barba bianca al vento.
> Non si poteva vedere un soldato o una guardia civile per strada. Se un marinaio ha cercato di provocare incidenti, allora qualcuno è intervenuto perché "non perdessimo la ragione alla Corte Suprema". La popolazione intrappolata nella più viva esaltazione partitica ha mantenuto l'ordine più rigoroso per giorni senza polizia, nonostante le espansioni emotive.
> Ho ascoltato, senza perdere una parola, accanto a mio padre, al Politeama di Bahia, la lunga conferenza del più grande dei brasiliani, interrotta, di minuto in minuto, da tempeste di applausi. Poi, nei primi momenti, RUY ha cantato un inno alla Corte Suprema, che ha permesso a tutti di esercitare il diritto di riunirsi pacificamente in quel momento. Ha rotto un assordante coro di applausi all'egregio tribunale. È così che ho preso coscienza della Corte Suprema e della sua missione di sentinella delle libertà pubbliche, legandola a immagini imperiture nella mia memoria. E anche nel mio desiderio.

Tale è stata la ripercussione del fatto che Ruy Barbosa[68], parlando nella città di Salvador, si è avvalso dell'imbroglio causato dalle autorità locali che miravano ad impedirgli di diffondere i suoi ideali politici nella regione di Soteropolitan. Così, inserisce nel suo discorso, tenuto al Teatro Politeama il 12 aprile 1919, nella città di Salvador, quando contestava la campagna presidenziale, le seguenti parole:

> Vengo, signori, da Minas, vengo da S. Paolo (...). Da S. Paolo e Minas, dove ho potuto esercitare i diritti costituzionali, le necessarie libertà di riunione e di parola, franchigie elementari della civiltà in tutta la cristianità. Da Minas e da S. Paolo, i cui governi, entrambi contrari alla mia candidatura, non hanno sollevato alcun ostacolo all'uso di queste facoltà essenziali per tutte le democrazie, per tutti i regimi di moralità e responsabilità: prima di aprire, intorno ai comizi popolari, intorno alla tribuna pubblica, un circolo di sicurezza

---

[67] Ibidem, pag. 4.
[68] Ibidem, pag. 4.

43

e di rispetto, in cui le nostre convinzioni avevano fiducia nei loro diritti e i nostri cuori orgogliosi del loro Paese. Da S. Paolo e Minas, insomma, dove il rispetto dell'autorità al popolo, e la considerazione del popolo per l'autorità, presentava lo spettacolo della dignità di una nazione obbediente alle sue leggi e governata dalla sovranità.

(...)

Vengo da questi due grandi Stati, per una visita a quest'altro non meno di loro nella loro storia, nelle virtù civiche dei suoi abitanti, nei costumi della loro vita sociale, vengo anche io su invito della sua popolazione; e, con quale diversità, con quale contrasto, con quale antitesi mi trovo! Ecco che arrivo con il diritto costituzionale di sospensione dell'assemblea. Da chi? Da un'autorità di polizia. Con quale diritto? Con il diritto di forza. Con quale pretesto? Con il pretesto che l'opposizione è in rivolta, cioè che contro il governo, l'elemento armato e il Tesoro sono insieme in ribellione gli indifesi, le masse disorganizzate e le classi conservatrici.

Bandito, vengo a trovare il diritto di riunione, dittatorialmente bandito. Ma, allo stesso tempo, mi sono trovato sotto la minaccia sovrana di bandire la parola, l'organo del pensiero, lo strumento di comunicazione dell'individuo con il popolo, del cittadino con la patria, del candidato con l'elettorato. Minacciato, come? Con la risoluzione, che siamo chiamati dalla situazione del territorio, con la risoluzione, che in tono di guerra aperta, ci comunicava i nostri avversari, di intervenire in tutte le nostre riunioni di propaganda elettorale, opponendoci alla nostra lingua.

Ruy Barbosa[69] prosegue sottolineando il carattere storico e l'importanza dell'esercizio del diritto di riunione, dove le idee vengono condivise e discusse:

Ma, signori, i comizi popolari, le riunioni, le assemblee libere dei cittadini, nelle piazze, nei teatri, nei grandi recinti, non sono invenzioni brasiliane, tanto meno di questo tempo (...). Sono usi tradizionali delle nazioni anglosassoni e di altre nazioni libere. Avevano, modernamente, la loro origine nelle isole britanniche e negli Stati Uniti. È da questa origine che li riceviamo. Li riceviamo così com'erano. Con loro abbiamo studiato la nostra pratica del diritto di riunione. Con loro, sotto il passato regime, abbiamo associato la collaborazione pubblica alla riforma elettorale, abbiamo fatto apostolato e abbiamo ottenuto l'estinzione della prigionia. Con loro, in questo regime, non abbiamo ottenuto molto per la cultura civica del popolo.

(...).

Il diritto di assemblea non si pronuncia se non riunendo il pubblico dei suoi sostenitori su ogni opinione.

La libertà di parola non è brevettata, ma riunendo attorno ad ogni tribuna coloro che bevono le loro convinzioni dalla stessa fonte, associano i loro servizi nello stesso campo, o arruolano la loro dedizione nella stessa bandiera. L'uguaglianza in diritto è, per le fazioni, per le idee, per i singoli, a discrezione, lasciata a tutti senza restrizioni, per riunire ognuno dei loro coreligionisti, per riunire ognuno i suoi comizi, per sollevare ognuno il suo appello, nel luogo di sua convenienza, in occasione della sua scelta, nella condizioni a suo piacimento, ma separatamente, ma distintamente, ma l'uno di fronte all'altro, ai suoi talenti, in città, in strada, nel recinto, che egli elegge, senza incontrarsi, senza toccarsi; perché il contatto, l'incontro, la mescolanza, finirebbero necessariamente in frizione, in invasione, nel caos.

---

[69] Ibidem, p. 5.

Cristalina è la rivolta di Ruy Barbosa per vedere un diritto fondamentale assicurato nella Costituzione federale grottescamente limitato, con chiare arie di abuso di potere. Tuttavia, è imperativo sottolineare che la Corte Suprema, in qualità di custode della Costituzione federale, ha colto l'occasione per affermare il potere conferitole dal legislatore costituente, assicurando all'allora candidato alla presidenza della Repubblica il diritto che gli spettava.

Lêda Boechat Rodrigues [70], nel commentare il processo all'Habeas Corpus da parte della Corte Suprema Federale, che si occupa del suddetto caso, ha ritenuto che

> La Costituzione federale stabilisce espressamente che tutti possono associarsi e riunirsi liberamente e senza armi, e la polizia può intervenire solo per mantenere l'ordine pubblico. In ogni questione, la manifestazione del pensiero è libera, con qualsiasi mezzo, senza dipendere dalla censura, essendo ciascuno responsabile, in forma giuridica, dei danni che commette. Il raduno (pacifico e senza armi) del popolo per esercitare il diritto di discutere e rappresentare gli affari pubblici non è considerato una sedizione o un raduno illecito. La polizia non ha il diritto di localizzare incontri e raduni. Nessun habeas-corpus è concesso ad una persona non nominalmente indicata nella domanda.

Il giudice Celso de Melo[71] , nel riferire sull'ADPF 187, ha anche ricordato nel suo voto il fatto che in un passato non molto lontano, il giudice Ricardo Lewandowisk, nella sentenza dell'ADI 1.969/DF, in una sessione tenutasi il 28 giugno 2007, ha dichiarato l'incostituzionalità del decreto 20.089/99, del Governo del Distretto Federale. Il decreto ha impedito le dimostrazioni pubbliche, con l'uso di automobili, dispositivi e oggetti sonori in luoghi come la Piazza dei Tre Poteri e l'Esplanade dei Ministeri. In considerazione di ciò, il ministro si è posizionato nel modo seguente:

> AZIONE DIRETTA DI INCOSTITUZIONALITÀ. DECRETO 20.098/99, DEL DISTRETTO FEDERALE. LIBERTÀ DI RIUNIONE E DI DIMOSTRAZIONE PUBBLICA. LIMITAZIONI. OFFESA ALL'ARTE. 5, XVI, della Costituzione federale.
> I. La libertà di riunione e di associazione per scopi legittimi è una delle conquiste più importanti della civiltà come fondamento delle moderne democrazie politiche.
> II. La limitazione del diritto di riunione stabilita dal decreto distrettuale 20.098/99, a tutti i mezzi di prova, è inadeguata, inutile e sproporzionata di fronte alla volontà della Costituzione (Wille zur Verfassung).
> III. Azione diretta ritenuta giustificata per dichiarare l'incostituzionalità del Decreto Distrettuale 20.098/99.

---

[70] RODRIGUES, Lêda Boechat. **Storia dell'ADPF 187 / DF - Corte Suprema**. v. III. 1991, p. 204-205.
[71] STF. 2011, op. cit.

In parte estratto dal suo voto, il giudice Ricardo Lewandowisk[72], nel processo contro ADI 1.969/DF, ha dato un forte sostegno:

> (...) Infatti, il decreto distrettuale 20.098/99 rende semplicemente impossibile la libertà di riunione e di manifestazione, proprio nella Capitale Federale, soprattutto nell'emblematica Praça dos Três Poderes, "luogo aperto al pubblico", che, nella concezione del geniale architetto che lo ha disegnato, è un vero simbolo di libertà e cittadinanza del popolo brasiliano.
> Proibire l'uso di "automobili, elettrodomestici e oggetti sonori" in questo e in altri spazi pubblici che il decreto discrimina, renderebbe del tutto impossibile esprimere liberamente il proprio pensiero nelle riunioni che si tengono in questi luoghi, perché le renderebbe mute, senza alcuna efficacia per gli scopi previsti.

Le decisioni di cui sopra sono state citate dal giudice Celso de Melo, nel suo voto, quando è stata giudicata la ADPF 187 - marcia della marijuana - una prodotta secondo la Costituzione della Repubblica del 1891 (HC 4.781/BA, Rel. Min. EDMUNDO LINS) e l'altra prodotta secondo la Costituzione vigente promulgata nel 1988 (ADI 1.969/DF, Rel. Min. RICARDO LEWANDOWSKI).

Queste decisioni, pur essendo state prese sulla base di diverse carte costituzionali, hanno la stessa direzione, che ha contribuito a far culminare la seguente intesa da parte del Ministro[73] :

> In entrambi i casi, il Tribunale federale ha chiaramente affermato che il diritto di riunione, *pur essendo* un *diritto,* agisce come strumento che consente l'esercizio della libertà di espressione e, *quindi, da tale punto di vista, si* qualifica come elemento in grado di prevedere la *partecipazione attiva* della società civile, attraverso la presentazione di idee, opinioni, proposte, critiche e richieste, al processo decisionale in corso negli organi di governo.
> Ecco perché questa Corte suprema ha sempre avuto la chiara percezione che *tra le* classiche libertà di riunione e di manifestazione del pensiero, *da un lato,* e il diritto di partecipazione dei cittadini alla vita politica dello Stato, dall'*altro, vi sia un* chiaro legame relazionale, in modo *tale* che esse diventino *un nucleo complesso e inscindibile di* libertà e prerogative politico-giuridiche, il che significa che il mancato rispetto del diritto di riunione, da *parte dello* Stato e dei suoi agenti, si traduce nella *concretezza di questo gesto di discrezione,* Trasgressione indiscutibile di *altre* libertà il cui esercizio *può supporre, per* essere realizzato, l'incolumità del diritto di riunione, *come accade* quando le autorità pubbliche impediscono ai cittadini di manifestare, *pacificamente, senza armi, in manifestazioni, marce o incontri* tenuti in spazi pubblici, le loro idee e la loro personale visione del mondo, per proporre soluzioni, esprimere il loro pensiero, esercitare il diritto di petizione e, *attraverso atti di proselitismo,* conquistare nuovi adepti e seguaci per la causa che difendono.

---

[72] Ibidem, p. 15.
[73] Ibidem, p. 13.

E' chiaro che tali sono state le influenze esercitate sul ministro che, nel giudicare l'ADPF 187, che si occupava proprio dell'esercizio del diritto di alcune persone a manifestare a favore dell'uso della "marijuana", ha sottolineato l'importanza di preservare i diritti costituzionali di libertà di riunione e di manifestazione.

Anche nel procedimento ADPF 187 [74], l'Istituto Brasiliano di Scienze Criminali (IBDCRIM), quando si è manifestato come *amicus curiae,* ha fatto le seguenti osservazioni:

> La richiesta di cambiamento, attraverso una dimostrazione che trasmette un'idea contraria alla politica del governo, non ne elude la legittimità. Al contrario: l'opposizione al discorso della maggioranza è, storicamente, nel germe della libertà di espressione come comportamento legalmente garantito. I diritti fondamentali in questione, che sono orientati alla formazione di una libera opinione pubblica, aiutano fondamentalmente le minoranze politiche, permettendo loro di avere la legittima aspirazione di diventare maggioranza domani; questa è la logica di un sistema democratico in cui il potere si sottomette alla ragione, non la ragione al potere. Sicuramente non ci sarebbe motivo di elevare a tale condizione i diritti di libertà di espressione, di riunione e di manifestazione se la loro portata normativa garantisse, in via esclusiva, l'esteriorizzazione di concezioni condivise dalla stragrande maggioranza della società o dalla politica in vigore.
> Se venissero utilizzati per questo, costituirebbero una categoria inimmaginabile di "diritti non necessari"; non sarebbero quindi diritti reali.
> Il divieto di dissenso equivale a imporre un "mandato di adempimento", condizionando la società all'informazione ufficiale - una sorta di "mercato delle idee" istituzionalmente limitato (OLIVER WENDELL HOLMES). O, ancora più profondo: l'imposizione di un comportamento ossequioso produce, nella società, un pernicioso effetto dissuasivo ("effetto agghiacciante"), che culmina, progressivamente, con l'annientamento dell'atto di riflessione individuale stesso (...).
> L'esperienza storica rivela quindi che il discorso antagonista non richiede repressione, ma tolleranza; se non fosse per l'ovvia ragione che, spogliata di un certo grado di tolleranza, la convivenza diventerebbe socialmente insopportabile, un simile modello di comportamento sarebbe giustificato dall'ipotesi sempre possibile che la "verità" non sia dalla parte della maggioranza.
> Capire da questa prospettiva: un candidato o un partito politico che include nella sua piattaforma o nel suo programma di governo la depenalizzazione della condotta criminale "scusandosi per il crimine"? Nella stessa ottica: sarebbe illegale tenere una manifestazione pubblica a sostegno della presentazione di un progetto di legge di iniziativa popolare con l'obiettivo di proporre la depenalizzazione di alcuni comportamenti? E la pubblicazione di un'opera letteraria, individuale o collettiva, che diffonde la stessa opinione? A proposito: la base teorica del riduzionismo criminale - che, in termini radicali, si chiama 'abolizionismo' - è una pratica criminale?

---

[74] Ibidem, p. 23.

Più avanti, distinguendo la natura giuridica dell'esercizio del diritto di dimostrare e di riunirsi, dal fatto oggetto dell'esercizio di questi diritti, IBDCRIM[75] , in modo molto chiaroveggente, si è posizionata:

> L'oggetto di questo ADPF non va confuso con l'oggetto degli incontri o delle manifestazioni che, sotto la continua minaccia di repressione da parte del potere pubblico, hanno giustificato il presente provvedimento. (...).
> Le questioni giuridiche sottoposte all'esame di questa Corte suprema sono in ambiti normativi superiori, di natura costituzionale; più precisamente, nell'ambito delle libertà individuali:
> I diritti fondamentali di assemblea e di manifestazione sono all'ordine del giorno, come proiezioni della libertà di espressione, al centro delle quali vi sono le facoltà di protesta e di rivendicazione, presupposti di una società libera, aperta e pluralista. In questa prospettiva, le manifestazioni che, sotto l'espansione normativa illegittima dei limiti dell'art. 287 del Codice penale, sono state oggetto di censura da parte dello Stato, potrebbero avere come contenuto le più diverse rivendicazioni ("v.e., la depenalizzazione dell'aborto, l'eutanasia o qualsiasi altra condotta incriminata sulla quale la società è divisa"); anche così, l'oggetto dell'ADPF persisterebbe.
> Deve anche essere chiaro: la tutela giudiziaria oggi vigente non prevede - né potrebbe farlo - la creazione di uno spazio pubblico circostanziato e immune dalla causa ordinaria dello Stato; ancor meno si propone che, nell'esercizio delle libertà ora rivendicate, i manifestanti possano incorrere in illegalità di qualsiasi tipo, come, ad esempio, il consumo di stupefacenti. Lo spettro di libertà che si intende assicurare è quello inerente - quindi, adeguato e necessario - ai diritti fondamentali in questione, senza implicita autorizzazione alla pratica di comportamenti che possano tradursi in violazione delle norme integranti della Legge vigente.

Accettando tale comprensione nei registri dell'ADPF 187, l'IBDCRIM ha sottolineato che la conservazione dei diritti alla libertà di manifestazione e di riunione, nel caso allora in esame presso la Corte Suprema brasiliana, rappresenterebbe il mantenimento della democrazia, in cui alle minoranze è concesso il diritto di esprimere il proprio pensiero, e di influenzare l'opinione degli altri, garantendo l'alternanza di comprensione basata sulla volontà della maggioranza.

Lo Stato, quando assicura alle minoranze e ai gruppi di persone ritenute "vulnerabili" la possibilità di esporre le loro concezioni e di difendere i loro ideali, tutela soprattutto i diritti fondamentali strettamente legati alla democrazia. In questo contesto, Geraldo Ataliba [76]commenta che:

> La costituzione veramente democratica deve garantire tutti i diritti delle minoranze e prevenire ogni arroganza, ogni arbitrarietà, ogni oppressione nei loro confronti.

---

[75] Ibidem, p. 34.
[76] ATALIBA, Geraldo. Magistratura e minoranze. **Revista de informação legislativa**, v. 24, n. 96, 1987, p. 189-94.

Inoltre - con meccanismi che garantiscono una rappresentanza proporzionale - deve assegnare un ruolo istituzionale rilevante alle correnti minoritarie più significative.

(...)

In una democrazia, essa governa la maggioranza, ma - in virtù del fondamentale postulato costituzionale dell'uguaglianza di tutti i cittadini - così facendo non può opprimere la minoranza. La minoranza svolge anche un ruolo politico importante, addirittura decisivo: quello dell'opposizione istituzionale, che svolge un ruolo importante nel funzionamento delle istituzioni repubblicane.

Il ruolo principale dell'opposizione è quello di formulare proposte alternative alle idee e alle azioni del governo della maggioranza che lo sostiene. Di conseguenza, critica, sorveglia, segnala i difetti e censura la maggioranza, proponendosi all'opinione pubblica come alternativa. Se la maggioranza governa, tuttavia, non è il proprietario del potere, ma agisce secondo i principi del rapporto di amministrazione.

(...)

Da qui la necessità di ampie garanzie, nel testo costituzionale stesso, di esistenza, sopravvivenza, libertà di azione e influenza della minoranza, per avere una vera repubblica.

(...)

Per la tutela e la salvaguardia delle minoranze e la loro necessaria partecipazione al processo politico, la repubblica fa dell'opposizione uno strumento istituzionale di governo.

(...)

È imperativo che la Costituzione non solo garantisca la minoranza (l'opposizione), ma ne riconosca anche i diritti e persino le funzioni.

(...)

Se la maggioranza sa che - a causa di ostacoli costituzionali - non può prevalere sulla forza, né può essere arbitraria o prepotente, ma deve rispettare la minoranza, allora i compromessi diventano mezzi di convivenza politica. (...).

Sulla stessa linea, Pinto Ferreira [77], nel sottolineare la vera idea di democrazia, per quanto riguarda la dialettica tra i diritti fondamentali e lo Stato democratico governato dallo Stato di diritto, sottolinea che:

La vera idea di democrazia corrisponde, in generale, a una sintesi dialettica dei principi di libertà, uguaglianza e dominio della maggioranza, con la correlativa tutela delle minoranze politiche, senza la quale non si comprende la vera democrazia costituzionale.

Il dominio maggioritario in sé, in quanto centro di gravità della democrazia, richiede un tale rispetto per le minoranze politiche vinte alle elezioni. Il principio maggioritario è il polo positivo della democrazia, e trova la sua antitesi nel principio minoritario, che è il suo polo negativo, entrambi strettamente indispensabili per chiarire il concetto di democrazia autentica. Il principio democratico non è, quindi, la tirannia dei numeri, né la dittatura dell'opinione pubblica, né

l'oppressione delle minoranze, che sarebbe la più dura del dispotismo. La maggioranza del popolo può decidere del proprio destino, ma nel rispetto dei diritti delle minoranze politiche, aderendo nelle proprie decisioni ai principi inviolabili di libertà e uguaglianza, altrimenti la democrazia stessa sarà annientata.

---

[77] FERREIRA, Pinto. **Principi generali del diritto costituzionale moderno**. Tomo I, voce n. 8, 5. ed., 1971, p. 195-196.

La libera deliberazione della maggioranza non è sufficiente a determinare la natura della democrazia. STUART MILL ha già riconosciuto questa impossibilità, anche nel secolo scorso: "Se tutta l'umanità, tranne una, fosse di una sola opinione, l'umanità non sarebbe più giustificata nel ridurre una tale persona al silenzio di questa persona, se avesse la forza, di mettere a tacere il mondo intero". In termini non meno positivi, il saggio inglese, nelle sue *"Considerazioni sul governo rappresentativo"*, chiarisce quando parla di *vera e falsa democrazia*: "La falsa democrazia è solo la rappresentanza della maggioranza, la vera è la rappresentanza di tutti, comprese le minoranze. La sua peculiare e vera essenza deve essere, quindi, un costante compromesso tra maggioranza e minoranza.

Secondo i testi di cui sopra, la libertà di manifestazione e di riunione sono pilastri di uno Stato democratico, dove a tutti deve essere garantita la possibilità di influenzare la volontà politica esprimendo le proprie opinioni. Poiché la democrazia senza partecipazione popolare non è democrazia, è dittatura.

I gruppi maggioritari, anche se sono al comando della macchina pubblica, non possono far prevalere la sovranità delle loro concezioni, in assenza dell'applicazione dei diritti fondamentali, che sono radicati in natura contro la maggioranza, dal punto di vista di un'analisi materiale del testo costituzionale.

A questo proposito, il giudice Celso de Melo[78], nel procedimento ADPF 187, nel discutere la struttura democratica che lo Stato brasiliano ha concepito, nel rispetto dei diritti fondamentali, oggetto della suddetta sentenza, ha dichiarato quanto segue:

> La scelta del legislatore costituente della concezione democratica dello Stato di diritto non può essere esaurita da un semplice proclama retorico. La scelta dello Stato di diritto democratico deve quindi avere conseguenze efficaci a livello della nostra organizzazione politica, nell'ambito dei rapporti istituzionali tra i poteri della Repubblica e nella formulazione di una teoria delle libertà pubbliche e del regime democratico stesso. In una parola: nessuno, nemmeno i gruppi maggioritari, sostituisce i principi superiori sanciti dalla Costituzione della Repubblica, il cui testo conferisce ai diritti fondamentali un chiaro carattere anti maggioranza.
>
> È chiaro che il principio maggioritario svolge un ruolo importante nel processo decisionale che si svolge all'interno degli organi di governo, ma non può legittimare, dal punto di vista di una concezione materiale della democrazia costituzionale, la soppressione, la frustrazione e l'annientamento dei diritti fondamentali, come il libero esercizio del diritto di riunione e della libertà di espressione (e anche del diritto di petizione), altrimenti si perde l'essenza stessa che qualifica lo Stato democratico in base allo stato di diritto.
>
> In questo modo, e affinché il regime democratico non si riduca a una categoria puramente concettuale o semplicemente formale politico-giuridica, è necessario assicurare che le minoranze, in particolare nei tribunali dove ciò è richiesto, abbiano tutti i mezzi per esercitare efficacemente i diritti fondamentali che sono garantiti a tutti senza distinzione.
>
> Ciò significa, quindi, in una prospettiva pluralistica, in tutto ciò che è compatibile con i fondamenti strutturali dell'ordine democratico stesso (FC,

---

[78] STF. 2011, op. cit. , p. 29.

art. 1, V), che l'organizzazione di un sistema efficace di protezione, soprattutto a livello di giurisdizione, dei diritti fondamentali, delle libertà e delle garanzie a favore delle minoranze, qualunque esse siano, affinché tali prerogative essenziali non diventino una formula priva di senso, che sottrarrebbe - come avverte la dottrina (SÉRGIO SÉRVULO DA CUNHA, "Fundamentos de Direito Constitucional", p. 161/162, voce n. 602.73, 2004, Saraiva) - il necessario coefficiente di legittimità giuridico-democratica al regime politico vigente nel nostro Paese.

Pertanto, nella concezione democratica dello Stato di diritto, in base alla quale si fonda la Repubblica Federativa del Brasile, i diritti fondamentali, per quanto riguarda la libertà di manifestazione e di riunione, devono essere debitamente tutelati, in quanto strumenti che promuovono la democrazia, e l'esercizio di tali diritti deve essere garantito, secondo i termini stabiliti dalla Costituzione federale.

2 LA POSSIBILITÀ DI MITIGARE UN DIRITTO FONDAMENTALE

Può anche sembrare contraddittorio dire che è possibile mitigare un diritto fondamentale, perché si capisce che fondamentale è ciò che è essenziale, e se è essenziale non può essere relativizzato, altrimenti si rischia di rendere vulnerabile qualche istituto.

Quando si parla di diritti fondamentali, si può capire che tali diritti sono le premesse di base, il fondamento per sostenere la vita umana, sia da soli che collettivamente.

A titolo di esempio, basta leggere il Titolo II, Capitolo I, articolo 5 della Costituzione della Repubblica Federativa del Brasile. Lì il lettore si imbatterà facilmente in diversi dispositivi, attraversati da principi costituzionali, che ricevono il titolo di Diritti Fondamentali.

Parlando dei principi, Celso Antônio Bandeira de Melo [79] sottolinea la gravità della violazione di un agente, poiché rappresenterebbe un'insurrezione contro un intero sistema giuridico. Vediamo un po':

> Violare un principio è molto più grave che violare qualsiasi norma. La disattenzione al principio implica un'offesa, non solo a uno specifico comandamento obbligatorio, ma all'intero sistema di comandi. È la forma più grave di illegalità o incostituzionalità, secondo la scala del principio raggiunto,

---

[79] MELLO, Celso Antônio Bandeira de. **Corso di Diritto Amministrativo**.14. ed. rif. ampl. e attuale, San Paolo: Malheiros, 2002, p. 747.

perché rappresenta l'insurrezione contro l'intero sistema, l'eversione dei suoi valori fondamentali, la contumelia irrimediabile al suo quadro logico e la corrosione della sua struttura principale.

Tuttavia, dobbiamo considerare che relativizzare l'applicazione di un determinato standard o principio non significa semplicemente ignorarlo. Non per applicarlo, o addirittura per violarlo, ma per soppesarlo di fronte a un altro principio che cerca la concordanza pratica tra di loro.

Willis Santiago Guerra Filho[80] , quando distingue l'apparente conflitto tra regole e principi, chiarisce che una regola non può più essere rispettata a scapito di un'altra. Lo stesso non accade con i principi, dove ci deve essere una vera e propria sistemazione tra di loro.

> E, infine, mentre il conflitto di norme si traduce in una contraddizione, da risolvere con la perdita di validità di una delle norme in conflitto, anche se in un caso specifico, cessando di rispettarla per rispettare l'altra, che si intende corretta, le collisioni tra i principi comportano la sanzione senza privilegiare l'osservanza dell'uno, senza che ciò implichi la totale mancanza di rispetto dell'altro. Nell'ipotesi di uno scontro tra regola e principio, è curioso che questo prevalga, anche se in una situazione specifica prevale, di fatto, sul principio su cui la regola si basa - in senso stretto, quindi, non c'è una collisione diretta tra regola (o regole) e principio (o principi).

Per Gilmar Ferreira Mendes, Inocêncio Mártires Coelho e Paulo Gustavo Gonet Branco[81] , il principio della concordanza pratica cerca di trovare una "zona di comfort" quando i principi si scontrano, in modo che ci sia una sovrapposizione ponderata dell'uno prima dell'altro, in modo da non implicare la loro inosservanza, ma piuttosto l'ottimizzazione di tutti secondo il caso messo in analisi:

> Esso consiste essenzialmente in una raccomandazione che l'esecutore delle norme costituzionali, di fronte a situazioni di concorrenza tra beni costituzionalmente protetti, adotti la soluzione che ottimizza la realizzazione di tutti i beni, ma che allo stesso tempo non comporta la negazione di alcuno di essi.

---

[80] SON WAR, Willis Santiago. op. cit.
[81] MENDES, Gilmar Ferreira; COELHO, Inocêncio Mártires; BRANCO, Paulo Gustavo Gonet. **Corso di Diritto Costituzionale**. San Paolo: Saraiva, 2007, p. 107.

Néviton Guedes[82] , nel discutere il principio della concordanza pratica, chiarisce anche questo:

> Nessuno avrà difficoltà ad accettare l'idea di fondo che sta alla base del postulato della concordanza pratica, cioè l'idea che, in caso di collisione di beni costituzionalmente protetti, come è stato sottolineato da gran parte delle giurisdizioni costituzionali di tutto il mondo, si debbano favorire decisioni attraverso le quali entrambi i diritti (o beni costituzionali), secondo la possibilità del loro equilibrio e della loro proporzionalità, siano garantiti, in autentica concordanza pratica.
>
> Infatti, il principio della **concordanza pratica** stabilisce che l'applicazione di una norma costituzionale deve essere effettuata in relazione a tutte le norme costituzionali. Pertanto, la concordanza pratica afferma che le norme costituzionali devono essere interpretate in modo unitario. In tale contesto, naturalmente, le norme costituzionali devono essere interpretate in modo da evitare contraddizioni tra di loro.
>
> Konrad Hesse, dal canto suo, nel definire il principio della concordanza pratica, afferma espressamente che nella soluzione dei problemi giuridici i beni tutelati dalla costituzione devono essere coordinati tra loro in *modo tale che tutti acquisiscano la realtà*. Aggiunge poi la seguente affermazione al suo pensiero: "In caso di collisioni, non si può, mediante una "ponderazione **frettolosa** dei valori" (*vorschneller Güterabwägung*) o tanto meno una "ponderazione **astratta** dei valori" (*abstrakter Wertabwägung),* realizzarne uno (bene giuridico costituzionalmente protetto) a spese dell'altro". (Grifos non nell'originale).
>
> Secondo K. Hesse, inoltre, il principio della concordanza pratica impone la determinazione di limiti a questi beni giuridici in collisione in modo tale che, in linea con il principio di proporzionalità, *entrambi ottengano un risultato ottimale.* Secondo l'autore, la proporzionalità in questi casi rappresenta un rapporto tra le magnitudini variabili e solo ciò che meglio svolge il compito di ottimizzazione è giustificato.

Pertanto, se c'è un apparente conflitto tra i principi, è necessario armonizzarli in considerazione del caso in questione. Tuttavia, non implica tale armonizzazione nel discredito di un principio prima dell'altro, ma piuttosto nella sovrapposizione ponderata dell'uno prima dell'altro, date le specificità del caso, senza che ciò implichi la negazione di alcuno di essi.

Miguel Reale Júnior[83] , commentando la collisione tra i diritti fondamentali, ha ritenuto che ogni interprete avrà un punto di vista dalla visione personale che avrà quando valuterà il caso posto:

> Insomma, si può già dedurre che l'applicazione della massima di proporzionalità attraverso l'analisi delle tre massime parziali, come dice Alexy,

---

[82] GUEDES, Neviton. Il **principio della concordanza non è in contraddizione con la ponderazione delle merci**. 2014. Disponibile all'indirizzo: https://www.conjur.com.br/2014-abr-14/constituicao-poder-principio-concordancia-nao-contraria-ponderacao-bens. Accesso: 27. nov. 2019 , p. 2.
[83] REALE JÚNIOR, Miguel. Limiti alla libertà di espressione. **Espaço Jurídico magazine**, Florianópolis, v. 11, n. 2, p.; 374-401, luglio/dic. 2010, p. 395.

sono importanti per orientare, circoscrivere, guidare la spiegazione della scelta, nel caso concreto, sul primato di un diritto fondamentale rispetto ad un altro. Tuttavia, lo studio dell'adeguatezza della soluzione, della necessità e della giusta corrispondenza al fine desiderato non sono sufficienti a conferire a questo giudizio una ponderazione di obiettività, certamente, perché ogni interprete ha una ponderazione, secondo la propria percezione del peso che ogni diritto fondamentale ha e del valore che ha

Ci sono spesso scontri tra i diritti fondamentali, ma, come abbiamo già sentito, non esistono diritti assoluti, per quanto fondamentali, perché c'è sempre la possibilità di mitigarli. In questa linea di ragionamento, Orlando Luiz de Melo Neto [84]predice che:

L'ordine costituzionale non legittima diritti fondamentali assoluti, poiché la stessa convivenza in un ordine pluralistico richiede un dialogo continuo tra i valori previsti dalla costituzione, che a volte rappresentano una chiara limitazione a un diritto in virtù della preminenza di un altro in una determinata circostanza specifica.
In questo pregiudizio, la dottrina e la giurisprudenza sottolineano che i diritti fondamentali sono esposti a restrizioni autorizzate, espresse o implicite dalla Costituzione stessa, classificandoli con semplice riserva legale e riserva legale qualificata. La riserva legale semplice si ha quando il testo costituzionale stabilisce che un diritto può essere limitato ai sensi della legge, come al punto VI dell'articolo 5 ("nella forma della legge"). La riserva legale qualificata, invece, si verifica quando la Costituzione, oltre a richiedere che la restrizione derivi dalla legge, elenca gli scopi e le condizioni necessarie, come all'articolo 5, XII, (intercettazione telefonica a fini criminali).
Tuttavia, data l'importanza dei diritti fondamentali per il mantenimento e lo sviluppo dello Stato di diritto costituzionale, le limitazioni di tali prerogative non possono essere indiscriminate o spogliate di una base altrettanto legittima e assiologicamente compatibile con la Costituzione. Pertanto, è corretto che ogni limitazione ad un diritto fondamentale trovi un limite, come sarà analizzato di seguito.

Gilmar Ferreira Mendes e Paulo Gustavo Gonet Branco[85] , nel commentare un caso giudicato dalla Corte Suprema Federale, riguardante la libertà di manifestazione allora rappresentata dall'espressione del corpo, hanno riferito che

L'espressione del corpo, ad esempio, con l'intenzione di un'arte impegnata, copre una vasta gamma di situazioni. È possibile, tuttavia, che i comportamenti espressivi (chiamati anche espressioni simboliche) ricevano meno peso se confrontati con altri valori costituzionali, propensi a cedere ad essi più frequentemente che nei casi di espressione diretta del pensiero. È noto che il grado di tolleranza verso le espressioni simboliche varia da cultura a cultura, da paese a paese, così come di volta in volta nella stessa località.

---

[84] MELO NETO, Orlando Luiz de. **La relatività dei diritti fondamentali e i limiti della sua relativizzazione**. 2014. Disponibile all'indirizzo: https://www.conteudojuridico.com.br/consulta/Artigos/38573/a-relatividade-dos-direito-fundamentais-e-os-limites-a-sua-relativizacao. Accesso il: 27. nov. 2019, p. 4.
[85] MENDES, Gilmar Ferreira; BIANCO, Paulo Gustavo Gonet. op. cit.

[...] Nella legge brasiliana, tra l'altro, la STF registra un precedente in cui la punizione penale, come attacco alla decenza, della condotta di un certo regista teatrale, che ha reagito al fischio, esponendo le sue natiche nude al pubblico, è stata rimossa. Il tipo di spettacolo in cui si è svolto l'evento e il pubblico che vi ha assistito sono stati considerati per avere, nell'episodio, l'intento di espressione simbolica come preponderante rispetto ai valori che la legge penale intende tutelare.

Come sappiamo, la libertà di manifestazione e di riunione sono diritti fondamentali, esplicitamente protetti dalla Costituzione della Repubblica Federativa del Brasile. Tuttavia, spesso incontriamo persone che esercitano tali diritti in modo sproporzionato, incidendo sui diritti degli altri. Sarebbe accettabile o ci sarebbe una sorta di limitazione all'esercizio di tali diritti?

Secondo Marcio Cammarosano[86] , i diritti alla libertà di manifestazione e di riunione, in cui, nonostante siano stati definiti fondamentali, non sono assoluti:

Trattandosi di un compromesso, i diritti di alcuni si spingono fino al punto in cui iniziano i diritti di altri, ed è nell'ordinamento giuridico stesso, in vigore, che troveremo i limiti dei diritti di entrambi, limiti che, se superati, implicheranno il dovere di agire di chi è responsabile della conservazione dell'ordinamento giuridico che viene violato, o nell'imminenza di esserlo. E tale azione deve anche essere conforme all'ordinamento giuridico, sotto pena di un'azione che, in origine, mirava a diventare essa stessa un'azione illegale, causando la responsabilità di coloro che esorbitano nell'esercizio della loro competenza. Le considerazioni che abbiamo appena fatto ci permettono di affermare l'ovvio: il diritto alla libertà di riunione e di manifestazione in luoghi aperti al pubblico non è illimitato. Ci sono, ripeto, limiti e condizioni che possono essere estratti dalla Costituzione e dalle leggi in generale.

Nella stessa linea di ragionamento, il ministro Celso de Melo sostiene[87]sottolineando le restrizioni eccezionali a tali diritti:

Va notato che, *nel nostro ordinamento normativo*, il diritto di riunione può subire, in via *eccezionale*, restrizioni di *natura* giuridica in periodi di crisi istituzionale, purché vengano utilizzati in *via straordinaria i* meccanismi *costituzionali* di difesa dello Stato, quali lo stato di difesa (FC, art. 136, § 1, I, "a") e lo stato d'assedio (FC, art. 139, IV), che legittimano l'uso, da parte del Presidente della Repubblica, dei cosiddetti *poteri di crisi*, tra cui la facoltà di sospendere *la* libertà di riunione *stessa,* anche se esercitata in spazi privati.

In questo auspicio, ci esorta ad affermare che, ancor prima della promulgazione della Carta costituzionale del 1988, il legislatore ordinario (infra-costituzionale) aveva già regolato la libertà di manifestazione del pensiero e di

---

[86] CARMMAROSANO, Márcio. op. cit. , p. 2.
[87] STF. 2011. op. cit.

informazione, con la legge 9 febbraio 1967, n. 5.250, la libertà di pensiero e di informazione.

Tra gli articoli iniziali della legge 5.250/67[88], vale la pena di evidenziare i suoi primi due articoli[89]. Queste esplicitano la libertà di manifestazione del pensiero, l'accoglienza e la diffusione di informazioni, libere da censura, sottolineando però la responsabilità degli abusi commessi, non essendo tollerata la propaganda di guerra, i processi di sovversione dell'ordine politico e sociale, i pregiudizi di razza o di classe tra gli altri.

Quando si parla di pubblicazione e circolazione sul territorio nazionale di libri, giornali e periodici, la legislazione in questione stabilisce la libertà, ad eccezione dei clandestini, o quando questi violano la morale o i buoni costumi.

Più avanti, la legge 5.250/67 [90]ha ritenuto opportuno criminalizzare - in ambito penale - gli atti di abuso commessi nell'esercizio della libertà di espressione del pensiero e di informazione, con particolare attenzione agli articoli da 12 a 17[91] .

---

[88] BRASILE . **Legge 9 febbraio 1967, n. 5.250**. Regola la libertà di manifestazione del pensiero e dell'informazione. Disponibile all'indirizzo: http://www.planalto.gov.br/ccivil_03/LEIS/L5250.htm. Accesso: 28. nov. 2019 , p. 1.

[89] Art. 1: La manifestazione del pensiero e la ricerca, la ricezione e la diffusione di informazioni o idee, con qualsiasi mezzo e senza dipendere dalla censura, sono libere, essendo ciascuno responsabile, a norma di legge, degli abusi che commette.
§ 1 La propaganda di guerra, i processi di sovversione dell'ordine politico e sociale o i pregiudizi di razza o di classe non sono tollerati.
§ 2 Le disposizioni del presente articolo non si applicano agli spettacoli e ai divertimenti pubblici, che sono soggetti a censura, nella forma di legge, né nella validità dello stato d'assedio, quando il Governo può esercitare la censura su giornali o periodici e società di radiodiffusione e agenzie di stampa in questioni relative alle ragioni che l'hanno determinato, nonché nei confronti degli esecutori di tale provvedimento.
Art. 2 La pubblicazione e la diffusione di libri e giornali e di altri periodici sul territorio nazionale è libera, tranne quando sono clandestini (art. 11) o quando violano la morale e le buone consuetudini.

[90] Ibidem, pag. 4.

[91] Art. 12: Coloro che, attraverso i mezzi di informazione e diffusione, abusano dell'esercizio della libertà di pensiero e di informazione sono soggetti alle sanzioni della presente legge e sono responsabili dei danni da essi causati.
Singolo paragrafo. Ai fini del presente articolo, i giornali e gli altri periodici, i servizi di radiodiffusione e i servizi di informazione sono mezzi di informazione e diffusione.
Art. 13. I reati di sfruttamento o uso dei mezzi di informazione e diffusione sono quelli previsti nei seguenti articoli.
Art. 14: Fare propaganda di guerra, di processi di sovversione dell'ordine politico e sociale o di pregiudizi di razza o di classe:
Sentenza: da 1 a 4 anni di detenzione.
Art. 15: Pubblicare o divulgare:
a) Segreto di Stato, notizie o informazioni relative alla preparazione della difesa interna o esterna del Paese, purché il segreto sia giustificato, se necessario, da una norma o raccomandazione preventiva che ne determini la riservatezza o la riserva;
b) notizie o informazioni riservate o di interesse per la sicurezza nazionale, a condizione che vi sia anche una regola o raccomandazione preventiva che determini la segretezza, la riservatezza o la riserva.
Pena: da uno (1) a quattro (4) anni di reclusione.

È chiaro che l'intenzione del legislatore infracostituzionale nella disposizione in questione non è quella di effettuare alcun tipo di censura, ma di punire gli eccessi di coloro che si avvalgono del diritto di dimostrare, sulla base della libertà di pensiero, di commettere abusi di questi diritti. In questo modo, portando varie conseguenze non solo per le persone che sono oggetto dei commenti, ma anche per la stessa amministrazione pubblica.

La legge 5.520/67[92] ha ritenuto opportuno punire l'autore dell'abuso del diritto in sede civile, oltre che la responsabilità penale sovrana, e lo ha fatto in conformità con gli articoli da 49 a 52[93] .

Art. 16: Pubblicare o divulgare notizie false o fatti veri, troncati o distorti, che provocano:
I - Disturbo dell'ordine pubblico o allarme sociale;
II - La diffidenza nei confronti del sistema bancario o della stretta creditizia di un istituto finanziario o di qualsiasi società, individuo o entità giuridica;
III - Danni al credito dell'Unione, dello Stato, del Distretto Federale o del Comune;
IV - Sensibile perturbazione della quotazione di beni e titoli immobiliari sul mercato finanziario.
Pena: da 1 (uno) a 6 (sei) mesi di reclusione, quando l'autore della scrittura o della trasmissione incriminata, e una multa da 5 (cinque) a 10 (dieci) salari minimi della regione.
Singolo paragrafo. Nei casi di incisioni I e II, se il reato è colpevole:
Pena: detenzione, da 1 (uno) a (tre) mesi, o una multa da 1 (uno) a 10 (dieci) salari minimi della regione.
Art. 17. Offendere la morale pubblica e le buone maniere:
Pena: detenzione, da 3 (tre) mesi a 1 (un) anno, e multa da 1 (uno) a 20 (venti) salari minimi della regione.
Singolo paragrafo. Divulgare, con qualsiasi mezzo e in modo tale da raggiungere i propri obiettivi, l'annuncio, l'avvertimento o il risultato di lotterie non autorizzate e di giochi proibiti, tranne quando la divulgazione sia chiaramente intesa a dimostrare o a criticare la mancanza di repressione da parte delle autorità responsabili:
Pena: detenzione da 1 (uno) a 3 (tre) mesi, o ammenda da 1 (uno) a 5 (cinque) salari minimi della regione.

[92] Ibidem, p. 12.
[93] Art. 49: Nell'esercizio della libertà di pensiero e di informazione, chi, con dolo o colpa, viola il diritto, o arreca danno ad altri, è tenuto a fare ammenda:
I - I danni morali e materiali, nei casi previsti dall'art. 16, numeri II e IV, dall'art. 18 e di diffamazione, calunnia o ingiurie;
II - Danni materiali, negli altri casi.
§ 1 Nei casi di diffamazione e calunnia, la prova della verità, purché sia ammissibile ai sensi degli artt. 20 e 21, salvo che entro il termine della memoria, esclude la responsabilità civile, salvo che il fatto asserito, sebbene vero, riguardi la vita privata dell'autore del reato e la divulgazione non sia stata motivata da motivi di interesse pubblico.
§ 2 Se la violazione di legge o il danno si verifica attraverso la pubblicazione o la trasmissione in un giornale, periodico, o servizio di radiodiffusione, o agenzia di stampa, la persona che sfrutta il mezzo di informazione o di diffusione è responsabile per il risarcimento del danno (art. 50).
§ 3 Se la violazione avviene attraverso la pubblicazione di una forma non periodica, l'utente è responsabile del risarcimento del danno:
(a) l'autore dello scritto, se ivi indicato; o
b) la persona fisica o giuridica che gestisce la stampante dell'officina, se il nome dell'autore non compare sul modulo.
Art. 50: La società che si avvale dei mezzi di informazione o divulgazione deve avere l'azione regressiva di far sì che l'autore della scrittura, della trasmissione o della notizia, o il responsabile della divulgazione, abbia l'indennità che paga in virtù della responsabilità prevista dalla presente legge.

Nel discutere l'importo da arbitrare come risarcimento, nei casi di abuso nell'esercizio della libertà di manifestazione del pensiero, il legislatore ordinario[94], all'epoca, in modo molto lodevole, ha stabilito che il risarcimento deve essere fissato in base alla gravità, alla natura, alla ripercussione sociale, tra gli altri elementi, come si può osservare negli articoli da 53 a 56[95].

Insomma, si può estrarre dai passi della legge 5.520/67 che il legislatore, già allora, garantiva il diritto alla libertà di manifestazione del pensiero. Tuttavia, il fatto

---

Art. 51 La responsabilità civile del giornalista professionista che compete per i danni da negligenza, negligenza, imprudenza o imprudenza, è limitata, in ogni scrittura, trasmissione o notizia:
I - a 2 salari minimi della regione, in caso di pubblicazione o trasmissione di notizie false, o di divulgazione di un fatto vero troncato o distorto (art. 16, n. II e IV).
II - a cinque salari minimi della regione, in caso di pubblicazione o trasmissione che offenda la dignità o il decoro di qualcuno;
III - a 10 salari minimi nella regione, in caso di imputazione di fatto offensiva della reputazione di qualcuno;
IV - a 20 salari minimi della regione, nei casi di falsa imputazione di reato a qualcuno, o di imputazione di un vero reato, nei casi in cui la legge non ammette l'eccezione della verità (art. 49, § 1).
Singolo paragrafo. I giornalisti professionisti sono considerati ai fini di questo articolo:
(a) giornalisti che hanno un rapporto di lavoro con la società che gestisce il mezzo di informazione o di diffusione o che produce programmi radiotelevisivi;
b) coloro che, pur non avendo un rapporto di lavoro, producono regolarmente articoli o programmi pubblicati o trasmessi;
c) il direttore, il direttore o il caporedattore del giornale o del periodico, il direttore o il produttore del programma e il direttore di cui all'articolo 9, lettera b), punto III, del concessionario del servizio di radiodiffusione o del concessionario; nonché il direttore e il direttore dell'agenzia di stampa.
Art. 52 La responsabilità civile della società che si avvale dei mezzi di informazione o di divulgazione è limitata a dieci volte gli importi di cui al precedente articolo, se risulta da un atto illecito di alcuni dei soggetti di cui all'art. 50.
[94] Ibidem, p. 13.

[95] Art. 53 Nell'arbitrato del risarcimento dei danni morali il giudice tiene conto in particolare:
I - L'intensità della sofferenza dell'offeso, la gravità, la natura e la ripercussione dell'offesa, la posizione sociale e politica dell'offeso;
II - L'intensità dell'intenzionalità o il grado di colpevolezza del responsabile, la sua situazione economica e la sua precedente condanna in un'azione penale o civile basata sull'abuso nell'esercizio della libertà di manifestazione del pensiero e di informazione;
III. ritrattazione spontanea e completa, prima della presentazione dell'azione penale o civile, della pubblicazione o della trasmissione della risposta o della richiesta di rettifica, entro i termini stabiliti dalla legge e indipendentemente dall'intervento giudiziario, e l'entità del risarcimento ottenuto con questo mezzo dalla parte offesa.
Art. 54: Il risarcimento dei danni materiali ha lo scopo di riportare i feriti allo stato precedente.
Art. 55. La parte soccombente è responsabile per gli onorari dell'avvocato della parte vincente, immediatamente stabiliti nella sentenza stessa, nonché per le spese processuali.
Art. 56: L'azione per il risarcimento del danno morale può essere esercitata separatamente dall'azione per il risarcimento del danno materiale, e a pena di decadenza deve essere presentata entro 3 mesi dalla data di pubblicazione o di trasmissione che ne è la causa.
Singolo paragrafo. L'esercizio dell'azione civile è indipendente dall'azione penale. Se la difesa si basa sull'eccezione della verità e si tratta di un caso in cui è ammessa l'esclusione della responsabilità civile o per un altro motivo la cui definizione in sede penale fa sorgere un giudizio in sede civile, il giudice determina l'istruttoria del procedimento civile nella misura in cui può procedere, indipendentemente dalla decisione nell'azione penale

che il suo esercizio sia stato garantito non implica il riconoscimento che esso possa essere esercitato in alcun modo, in quanto, se sono stati individuati degli eccessi, essi sono passibili di sanzione.

Il fatto che ci sia stata una punizione per l'abuso non significa che questo diritto fondamentale sia stato violato, ma piuttosto che ci sia stata la protezione di un altro diritto fondamentale, cioè l'onore e l'immagine di un'altra persona.

Bernardo Gonçalves Fernandes[96], commentando l'esercizio del diritto di dimostrare, afferma che:

> In questi termini, per la dottrina dominante, parlare in diritto di espressione o di pensiero non è parlare in diritto assoluto di dire tutto ciò o di fare tutto ciò che si vuole. In modo logico e implicito, la protezione costituzionale non si estende all'azione violenta. In questo senso, per la corrente maggioritaria di tendenza assiologica, la libertà di manifestazione è limitata da altri diritti e garanzie fondamentali come la vita, l'integrità fisica, la libertà di movimento. Pertanto, sebbene vi sia libertà di manifestazione, essa non può essere utilizzata per manifestazioni che sviluppino attività o pratiche illecite (antisemitismo, scuse al crimine, ecc...).

Fernanda Carolina Tôrres[97], nella stessa linea di ragionamento del testo sopra trascritto, lo capisce:

> Poiché la libertà di espressione è un principio, sebbene la sua tutela sia essenziale per l'emancipazione individuale e sociale, la sua garanzia non si sovrappone assolutamente ad altri diritti, anch'essi essenziali. Tuttavia, contrariamente a quanto ci si potrebbe aspettare, la posizione del Tribunale federale (STF) sulla libertà di stampa - uno degli sviluppi della libertà di espressione - ha rafforzato la sua concezione di diritto assoluto in cui ogni ingerenza dello Stato sarebbe rilevante nella sua violazione o nel suo annullamento. In questa prospettiva, non spetterebbe allo Stato disciplinare tale diritto, se non per ampliare le condizioni per la sua attuazione. In questa linea di ragionamento, poiché l'originario costituente non poneva restrizioni a tali libertà, si presume che non lo consentisse espressamente anche la legge infra-costituzionale. Così, anche nella figura della magistratura, lo Stato non poteva interferire nell'esercizio della libertà di stampa. Ne consegue che, apparentemente, secondo l'interpretazione del Tribunale federale, tale libertà sarebbe piena, come illustrato di seguito: "Arbitraria, quindi, e inconciliabile con la tutela costituzionale dell'informazione, la repressione della critica giornalistica, poiché lo Stato - compresi i suoi giudici e i suoi tribunali - non ha alcun potere sulla parola, sulle idee e sulle convinzioni espresse dai professionisti della stampa" (IA n. 705.630-AgR, Rel. Min. Celso de Mello, processo del 22/3/2011, Seconda Classe, DJE del 6/4/2011).

---

[96] FERNANDES, Bernardo Gonçalves. **Corso di diritto costituzionale**. 3. ed. Rio de Janeiro: Lúmen Juris, 2011, p. 279.
[97] TÔRES, Fernanda Carolina. Il diritto fondamentale alla libertà di espressione e alla sua estensione. **Revista de Informação Legislativa**, v. 200, 2013, p. 64.

In modo più attuale, la Costituzione federale del 1988[98] stabilisce, nel *caput* *dell'*articolo 220, che la manifestazione del pensiero, tra gli altri diritti, non subirà alcuna restrizione, a condizione però che le disposizioni della Costituzione siano rispettate:

> Art. 220. La manifestazione del pensiero, la creazione, l'espressione e l'informazione, in qualsiasi forma, processo o veicolo, non sono soggette ad alcuna restrizione, in conformità con le disposizioni della presente Costituzione.
> § 1 Nessuna legge contiene disposizioni che possano costituire un imbarazzo per la piena libertà di informazione giornalistica in qualsiasi mezzo di comunicazione, nel rispetto di quanto previsto dall'art. 5, IV, V, X, XIII e XIV.
> § 2 È vietata qualsiasi forma di censura di natura politica, ideologica e artistica.
> § 3º Spetta alla legge federale:
> I - regolamentare i divertimenti e gli spettacoli pubblici, con il potere pubblico che ha la responsabilità di informare sulla loro natura, sulle fasce d'età a cui non sono consigliati, sui luoghi e gli orari in cui la loro presentazione è inadeguata;
> II - stabilire i mezzi legali per garantire alla persona e alla famiglia la possibilità di difendersi da programmi radiofonici e televisivi o da programmi che contraddicono le disposizioni dell'art. 221, nonché dalla pubblicità di prodotti, pratiche e servizi che possano essere dannosi per la salute e per l'ambiente.
> § 4 La pubblicità commerciale di tabacco, bevande alcoliche, prodotti agrochimici, medicinali e terapie è soggetta a restrizioni legali, conformemente al punto II del paragrafo precedente, e contiene, se necessario, un'avvertenza relativa ai danni derivanti dal loro uso.
> § 5 I media non possono, direttamente o indirettamente, essere oggetto di monopolio o oligopolio.
> § 6 La pubblicazione di un veicolo di comunicazione stampato è indipendente dalla licenza dell'autorità.

In questo diapason, quando il testo costituzionale stesso prevede che le disposizioni contenute nella Costituzione federale debbano essere rispettate, diventa facile rendersi conto che la libertà di manifestazione non può essere esercitata in modo assoluto. Pertanto, devono essere rispettati i limiti contenuti nelle disposizioni costituzionali, cioè la libertà di dimostrare, pur essendo un diritto fondamentale, deve rispettare la coesistenza di altri diritti fondamentali, dato che non esistono diritti fondamentali assoluti.

Nelle parole di Jonatas Machado[99] , per limitare un diritto fondamentale è necessaria l'esistenza di una legge:

---

[98] BRASILE. 1988. op. cit.
[99] MACHADO, Jónatas Eduardo Mendes. **La libertà di espressione**. Coimbra: Coimbra, 2002, p. 721.

Le restrizioni alle libertà di comunicazione possono essere imposte solo per legge. Si risolve così un problema di scelta istituzionale basato sulla premessa che la limitazione dei diritti, delle libertà e delle garanzie deve basarsi su una valutazione politico-legislativa in cui i diritti da limitare sono considerati con riferimento all'intero sistema di tutela giuridico-soggettiva dei cittadini, nonché ai diversi diritti e interessi costituzionalmente stabiliti.

Il ministro Carmem Lúcia[100] , nell'esprimere il suo voto nell'ADPF 548/DF, ha rinnovato ancora una volta la sua comprensione dell'eccezionalità di limitare la libertà di manifestare, sostenendo che qualsiasi interpretazione che lo faccia è incostituzionale, poiché una tale misura può essere realizzata solo da principi fondamentali stabiliti costituzionalmente.

Senza libertà di dimostrazione, la scelta è inesistente. Ciò che deve essere un'opzione diventa un simulacro di alternativa. Il processo elettorale diventa un quadro elettorale, tipico delle dittature.
Pertanto, qualsiasi interpretazione di una norma giuridica che sia in conflitto con uno qualsiasi di questi principi, o, cosa peggiore e più grave, che limiti o impedisca la manifestazione della libertà, è incostituzionale, invalida, irrispettosa.
Qualsiasi atto privato o statale che limiti, al di fuori dei principi fondamentali stabiliti dalla costituzione, la libertà di essere e di manifestare il modo di pensare e di vivere ciò che si è, non è giuridicamente valido, e deve essere impedito, annullato o annullato.
preso dall'universo delle pratiche accettate o accettabili.
In ogni spazio in cui vengono imposte catene alla libertà di manifestazione non c'è nulla da disfare. Quando questa imposizione deriva da un atto dello Stato (nel caso dello Stato Giudiziario o dell'attività amministrativa della polizia) è più offensiva perché ha la responsabilità di assicurare il pieno esercizio delle libertà, giuridicamente responsabile di evitare che esse siano indebitamente ostacolate.
Limitando l'ambiente dell'informazione, dell'insegnamento e dell'apprendimento come l'università, che ha il rafforzamento costituzionale della garanzia di autonomia, garantita in modo costituzionale specifico ed esplicito, per proteggere questo spazio da attacchi indebiti che limitano i diritti, la dimostrazione della nullità è più evidente e anche più grave.

Il testo di cui sopra è strettamente legato alle disposizioni dell'articolo 220 della Costituzione federale, poiché la disposizione costituzionale in questione stabilisce espressamente che la libertà di manifestazione non deve essere limitata in alcun modo, sottolineando, tuttavia, che i principi costituzionali devono essere osservati.

---

[100] STF. **Argomento del mancato rispetto del precetto fondamentale 548. Relatore il Ministro Cármem Lúcia.** Distretto Federale, Brasilia, 2019. Disponibile su: http://stf.jus.br/portal/jurisprudencia/listarJurisprudencia.asp?s1=%28%28DIREITO+DE+MANIFESTA%C7%C3O+REUNI%C3O+PROTESTO%29%29+NAO+S%2EPRES%2E&base=baseMonocraticas&url=http://tinyurl.com/vq4d6v7. Accesso: 29. nov. 2019, p. 8.

Nel determinare il rispetto dei principi costituzionali, il legislatore costituzionale chiarisce che la sua intenzione non è quella di conferire un'aria di assoluta superiorità alla libertà di manifestazione, ma piuttosto di far capire che trova dei limiti in altri principi.

Su questo tappeto, João Trindade Cavalcante Filho[101] riporta il seguente posizionamento:

> Tuttavia, come vedremo presto, queste limitazioni subite dai diritti fondamentali non sono illimitate, vale a dire che i diritti fondamentali non possono essere limitati oltre lo stretto necessario.
> D'altra parte, la limitazione dei diritti fondamentali è consentita solo quando è compatibile con i dettami costituzionali e quando sono rispettati i principi di ragionevolezza e proporzionalità. Secondo la giurisprudenza alemã, accettata dal Tribunale federale, il principio di proporzionalità - che si suddivide nei sottoprincipi di adeguatezza, necessità e proporzionalità in senso stretto - è un parametro di controllo delle restrizioni effettuate dallo Stato in relazione ai diritti fondamentali dei cittadini.

Sarebbe strano ammettere la libertà di manifestazione a scapito di altri principi costituzionali fondamentali, come l'intimità, l'onore, ecc. Come spiegato in precedenza, è necessario effettuare un'analisi ragionevole e proporzionale tra l'apparente conflitto delle norme fondamentali, al fine di ottenere con tale atto la massima efficacia dei diritti fondamentali considerati globalmente.

Konrad Hesse[102], quando affronta nel suo lavoro la possibilità di limitare un diritto fondamentale, lo ritrae:

> La limitazione dei diritti fondamentali deve quindi essere adeguata a produrre la tutela del bene giuridico, per cui viene effettuata. Deve essere necessario per questo, il che non è il caso, quando un mezzo più mite sarebbe sufficiente. Deve, infine, essere proporzionato in senso stretto, cioè deve mantenere un adeguato rapporto con il peso e il significato del diritto fondamentale.

Il giudice Celso de Melo[103], nel giudicare l'RMS 23452/ RJ, ha anche sottolineato, ancora una volta, che non esistono diritti fondamentali o garanzie che siano di carattere assoluto, quindi, possono essere mitigati, come osservato nel passo successivo:

---

[101] CAVALCANTE FILHO, João Trindade. **Teoria generale dei diritti fondamentali**. [n.d.]. Disponibile all'indirizzo:
http://www.stf.jus.br/repositorio/cms/portalTvJustica/portalTvJusticaNoticia/anexo/Joao_Trindadade__Teoria_Geral_dos_direitos_fundamentais.pdf. Accesso: 30. nov. 2019, p. 7 .
[102] HESSE, Konrad. **Elementi di diritto costituzionale della Repubblica Federale di Germania**. Porto Alegre: Sergio Antônio Fabris, 1998, p. 256.
[103] STF. **RMS 23.452/RJ. Relatore il Ministro Celso de Mello**. DJ del 12.05.2000, pag. 20.

I DIRITTI E LE GARANZIE INDIVIDUALI NON SONO ASSOLUTI. Nel sistema costituzionale brasiliano non esistono diritti o garanzie di carattere assoluto, anche perché motivi di interesse pubblico rilevante o esigenze derivanti dal principio di coesistenza delle libertà legittimano, anche se in via eccezionale, l'adozione da parte degli organi statali di misure restrittive delle prerogative individuali o collettive, purché siano rispettati i termini stabiliti dalla Costituzione stessa. Lo status costituzionale delle libertà pubbliche, nel delineare il regime giuridico a cui sono soggette - e considerando il substrato etico che le informa - consente di imporre loro limitazioni dell'ordinamento giuridico, intese, da un lato, a tutelare l'integrità dell'interesse sociale e, dall'altro, ad assicurare l'armoniosa convivenza delle libertà, poiché nessun diritto o garanzia può essere esercitato a scapito dell'ordine pubblico o con il mancato rispetto dei diritti e delle garanzie di terzi.

Pertanto, è facile capire che non esistono diritti fondamentali assoluti, per quanto speciali possano essere, anche per l'esercizio della democrazia. Così come i diritti di libertà di manifestazione e di riunione, entrambi possono essere relativizzati, date le circostanze del caso, nel rigoroso rispetto dei principi di ragionevolezza e di proporzionalità.

Per quanto riguarda il principio di proporzionalità, Willis Santiago Guerra Filho[104] sottolinea l'importanza di tale principio, facendo prevalere in un caso concreto un pensiero giusto e ragionevole, accettato dalla maggioranza.

L'idea di proporzionalità si rivela non solo un importante - il più importante, per consentire la dinamica di accomodamento dei principi - principio giuridico fondamentale, ma anche un vero e proprio *vertice* argomentativo, esprimendo un pensiero accettato come giusto e ragionevole in generale, di provata utilità nell'equazione delle questioni pratiche, non solo del diritto nei suoi vari rami, ma anche in altre discipline, ogni qualvolta si tratta di scoprire i mezzi più appropriati per raggiungere un certo obiettivo.
Il principio di proporzionalità ha un contenuto che si divide in tre "principi parziali" (*Teilgrundsätze*): "principio di proporzionalità in senso stretto" o "massimo del pensiero" (*Abwägungsgebot*), "principio di adeguatezza" e "principio di esigibilità" o "comandamento del mezzo più morbido" (*GebotdesmildestenMinels*) - [...]. Il "principio di proporzionalità in senso stretto" richiede che l'obiettivo da raggiungere con una disposizione normativa sia abbinato ai mezzi impiegati, che sono *giuridicamente i* migliori possibili. Ciò significa, soprattutto, che il "contenuto essenziale" (*Wesensgehalt*) di un diritto fondamentale non sarà fatto, con l'intollerabile mancanza di rispetto della dignità umana, così come che, anche se vi sono svantaggi, ad esempio, per l'interesse delle persone, individualmente o collettivamente considerate, derivanti dalla disposizione normativa in questione, i vantaggi che essa comporta per interessi di altro ordine superano tali svantaggi.

[104] SON WAR, Willis Santiago. op. cit.

Continuando il suo commento sul principio di proporzionalità, Willis Santiago Guerra Filho[105] lo spiega:

> I sottoprincipi dell'adeguatezza e della esigibilità, a loro volta, determinano che, per quanto *tatticamente* possibile, il mezzo scelto è idoneo a raggiungere il fine prefissato, dimostrandosi così "adeguato". Inoltre, ciò significa che deve essere "esigibile", il che significa che non ce ne devono essere altri, altrettanto efficaci e meno dannosi per i diritti fondamentali. Vale la pena di menzionare la fredda formulazione della Corte costituzionale tedesca su questa distinzione: "I mezzi impiegati dal legislatore devono essere adeguati ed esigibili per raggiungere il fine desiderato. Il mezzo è appropriato quando, con il suo aiuto, si può promuovere il risultato desiderato; è esigibile quando il legislatore non avrebbe potuto scegliere un altro mezzo altrettanto efficace, ma che sarebbe stato un mezzo non giudiziario o avrebbe avuto una limitazione meno percettibile del diritto fondamentale" ("Entscheidungen der Bundesverfassungsgericht",n. 30, Tubinga: J.C.B. Mohr, 1971, p. 4. 316).
> Le altre manifestazioni del principio di proporzionalità (in senso lato), a loro volta, presentano già un grado di concretezza molto più elevato, soprattutto quella riferita all'"adeguatezza" (*Geeignetheit*), che permette di sussumere i fatti direttamente ad essi, come avviene con le norme che sono regole, cosa che non avviene con nessun altro principio. Questa peculiarità la rende esente dalla critica dell'uso di principi nel ragionamento giuridico, di cui la Legge è così come
> una prospettiva distorta, "dall'alto verso il basso", quando sono le leggi a fornire il punto di vista appropriato e normale, "dal basso verso l'alto": il "comandamento" o "massima proporzionalità", pur occupando la posizione più alta nella scala dei principi, perché è il più astratto di essi, risolvendo i loro problemi di collisione, contempla anche la possibilità di "scendere" alla base della piramide normativa, informando la produzione di quelle singole norme che sono le sentenze e i provvedimenti amministrativi. Per tutto questo, così come per l'intimo rapporto che ha con la "essenza" o "idea di legge" (*Rechtsidee*) - come *Karl Larenz,* tra gli altri, ha già sottolineato -, il principio di proporzionalità è l'espressione più corretta della norma fondamentale (*Grundnorm*), che *Kelsen non è* mai stato in grado di definire in modo soddisfacente, per averla vista solo al vertice della sua piramide normativa, quando il posto giusto per una fondazione è proprio alla base di tale piramide.

Il principio di proporzionalità è quindi un importante strumento sociale da utilizzare in caso di conflitti di norme di natura eminentemente fondamentale, soprattutto nei suoi sottoprincipi di adeguatezza e di esigibilità. Quando si pratica un certo atto che viola un diritto fondamentale, è necessario analizzare in anticipo se tale atto è di fatto necessario per raggiungere lo scopo previsto, così come se non vi è altro modo se lo scopo previsto è raggiunto, senza violare il diritto fondamentale allora minacciato, se esiste, tale atto minaccioso non sarà considerato adeguato, o necessariamente accettato come esigibile.

---

[105] Ibidem, p. 87.

Con l'applicazione di questo ragionamento, non si intende semplicemente censurare la pratica degli atti protetti sotto il manto dei diritti fondamentali, ma piuttosto ponderarli anche davanti ad altri diritti fondamentali, garantendo l'esistenza armoniosa di tutti.

Non per niente l'autore commenta il principio di proporzionalità, concentrandosi sull'apparente conflitto delle norme sui diritti fondamentali, sottolineando che l'essenza dell'applicazione di questo principio sta nell'"applicazione del mezzo più morbido". In altre parole, che porta meno danni alla collettività, non potendo concentrare l'applicazione della norma in una persona o in un piccolo gruppo in modo isolato, poiché il diritto è venuto a gestire non solo i rapporti di timbro individualista, ma a garantire una convivenza armonica tra tutti coloro che ne godono.

Luigi Ferrajoli [106], commentando i diritti fondamentali, in particolare l'importanza del diritto alla pace a scapito di altri diritti di natura garantista, sostiene che

> Ciò significa che sono fondamentali tutti quei diritti la cui garanzia dipende dalla pace, e per i quali la violazione giustifica non il dissenso, ma la rivolta fino all'esercizio, come proclamano molte costituzioni del XVIII secolo, del diritto di resistenza. Questi diritti sono prima di tutto, secondo i paradigmi hobbesiani e paleoliberali, il diritto alla vita, all'integrità e alla libertà personale, contro la legge del più forte, propria dello stato di natura. Ma sono anche - in un mondo dove la sopravvivenza è sempre meno un fatto naturale e sempre più un fatto artificiale, dipendente dall'integrazione sociale - i diritti sociali alla salute, all'istruzione, alla sussistenza e al benessere, da cui dipende la soddisfazione, nelle società di oggi, la meno vitale. C'è una correlazione biunivoca tra il grado di pace e il grado di garanzia per il sostegno di tutti questi diritti: la pace è tanto più solida, e i conflitti tanto meno violenti e sconvolgenti - all'interno delle società nazionali e a livello internazionale, la sfera pubblica e la sfera privata delle relazioni interpersonali - quanto più ampie ed efficaci sono queste garanzie di diritti.

Resta quindi inteso che, per l'autore italiano sopra citato, l'applicazione del principio di proporzionalità, per quanto riguarda il conflitto di norme di natura fondamentale, passa molto attraverso la tutela del diritto alla pace, che viene elevato ad un livello di rilievo. Tuttavia, come già sottolineato, ciò non significa che la tutela di un tale diritto implichi necessariamente la limitazione di tanti altri, poiché le norme

---

[106] FERRAJOLI, Luigi. **Per una teoria dei diritti e dei beni fondamentali**. Traduzione di Alexandre Salim, Alfredo Copetti Neto, Daniela Cademartori, Hermes Zaneti Júnior, Sérgio Cademartori. Porto Alegre: Livraria do Advogado Editora, 2011, p. 108.

devono sempre cercare una coesistenza armonica nell'ordinamento giuridico, in cui la tutela di uno non significa l'annientamento completo di un altro.

2.1 Teoria del "socialmente accettabile

La libertà di manifestazione e di riunione sono diritti fondamentali esplicitamente previsti dalla nostra carta costituzionale, che meritano, questa volta, la dovuta protezione legale e l'applicazione universale.

In questo contesto, è imperativo affermare che i diritti fondamentali sono stati creati per tutti, e devono essere goduti da tutti - universalità dei diritti fondamentali - meritevoli di una protezione molto speciale nell'ordinamento giuridico nazionale.

Per quanto riguarda l'universalità dei diritti fondamentali, José Joaquim Gomes Canotilho[107] lo afferma:

> La nuova universalità dei diritti fondamentali li pone così, fin dall'inizio, ad un livello più alto di legalità, concretezza, positività ed efficacia. È l'universalità che non esclude i diritti di libertà, ma li rafforza innanzitutto con le aspettative e i presupposti di una loro migliore realizzazione attraverso l'effettiva adozione dei diritti di uguaglianza e di fraternità.

Dal testo di cui sopra, possiamo trarre che il diritto alla libertà è un diritto fondamentale che deve essere debitamente rispettato. Tuttavia, la tutela della libertà non è un'offesa all'uguaglianza o alla fraternità. I diritti di alcuni devono essere esercitati senza ledere i diritti di altri, che hanno pari prerogative nella tutela delle loro pretese.

Non è raro che l'esercizio della libertà di manifestazione e di riunione si scontri con altri diritti fondamentali, come la salute, il diritto di movimento, l'esercizio del lavoro, tra gli altri. Alla luce di ciò, come trovare un equilibrio in questi casi?

La risposta ci sembra passare attraverso il principio di proporzionalità, attraverso il principio della concordanza pratica, dopo aver esaminato le specificità del caso in questione, affinché il gestore pubblico possa prendere una buona decisione.

---

[107] CANOTILHO, José Joaquim Gomes. **Legge costituzionale e teoria della Costituzione**. Coimbra: Almedina, 2007, p. 573.

Paula Moura Carvalho [108] , commentando la possibilità quotidiana di collisione dei diritti fondamentali, lo ritrae:

> Di fronte a questa differenziazione, si osserva la possibilità quotidiana di scontri (o collisioni) tra le regole espressamente elaborate e i principi come astrazioni normative. In caso di conflitti tra le regole, la soluzione passa attraverso l'introduzione di una clausola di eccezione o la dichiarazione di invalidità di una delle regole. La decisione diventa sulla validità della norma giuridica.
> La collisione dei principi, secondo Robert Alexy, si risolve ponderando, dando peso ai diversi principi, facendo prevalere l'uno sull'altro, a seconda del caso in questione. Tuttavia, non si tratta di una questione di validità della norma giuridica, perché si può solo parlare di una collisione tra principi validi.

Per quanto riguarda i possibili conflitti tra i diritti fondamentali, esiste una teoria largamente diffusa, soprattutto sul versante socialista più radicale, basata sulla terminologia di "socialmente accettabile".

Per gli adepti della "teoria socialmente accettabile", sarebbe giustificabile vietare gli edifici pubblici, l'occupazione di scuole e università, l'interdizione di grandi vie, a condizione che il fatto che genera tali atti abbia una ripercussione sociale commisurata all'atto compiuto.

Il paradigma per gli adepti della "teoria socialmente accettabile" non sono gli altri diritti fondamentali che vengono relativizzati, ma l'importanza del motivo che genera l'atto, così come il presunto e futuro beneficio che questo atto porterà all'intera società.

Per capire meglio la teoria del "socialmente accettabile", basta visualizzare, in un passato non troppo lontano, quando migliaia di persone sono scese in piazza a protestare, in vista dei grandi scandali di corruzione, della mancanza di occupazione, delle crisi nei settori della sanità, dell'istruzione, dell'economia, dell'aumento dei prezzi dei biglietti dei trasporti pubblici, tra le altre cose.

A questo proposito, Luiz Alcione Gonçalves[109] commenta l'importanza che tali manifestazioni hanno assunto, data la grande adesione sociale che hanno avuto,

---

[108] CARVALHO, Paula Moura. **L'efficacia orizzontale dei diritti fondamentali come mezzo per applicare la giustizia al contenzioso privato.** 2016. Disponibile all'indirizzo: https://jus.com.br/artigos/49340/a-eficacia-horizontal-dos-direitos-fundamentais-como-forma-de-aplicacao-da-justica-a-litigios-particulares. Accesso: 04. dicembre 2019, pag. 7.
[109] GONÇALVES, Luiz Alcione. **La collisione dei diritti fondamentali nelle manifestazioni pubbliche alla luce della teoria dell'argomentazione giuridica di Robert Alexy.** 2014. Disponibile all'indirizzo: https://jus.com.br/artigos/31710/a-colisao-dos-direitos-fundamentais-nas-manifestacoes-publicas-a-luz-da-teoria-da-argumentacao-juridica-de-robert-. Accesso: 07. dicembre 2019 , p. 8.

una delle più grandi manifestazioni democratiche che il Brasile abbia vissuto nell'ultimo decennio, che è generalmente un popolo pacifico:

> Le manifestazioni che si sono diffuse in Brasile hanno recentemente diversi focus che le rendono difficili da comprendere. Anche se molte persone, compresi i politici, sono state sorprese dalle proteste e dalle loro conseguenze, l'emergere dell'ondata di manifestazioni non può essere considerata una sorpresa.
> Come si è visto nelle strade brasiliane, giorni di marcia, folle di libertari indipendenti e non ideologici sono usciti urlando per far sentire la loro voce, protestando per essere mal governati e stanchi della corruzione che da tempo affligge il Brasile.
> È stata la più grande manifestazione popolare dai tempi del Movimento Diretto. Nel giorno più teso dei movimenti più di un milione di persone, in diverse città brasiliane, sono scese in strada per protestare urlando slogan e alzando manifesti con frasi del seguente ordine: "Il gigante si è svegliato", gridano per le strade; "alzati dal divano e vieni in strada", invitano; "abbiamo lasciato facebook", informano.
> L'aumento delle tariffe degli autobus a San Paolo è stato il punto di partenza delle proteste in tutto il paese.
> Dovete chiedervi come avete iniziato queste mosse. In primo luogo, è iniziato con il Movimento Passe Livre (MPL), un movimento sociale brasiliano che si batte per un trasporto pubblico di qualità, al di fuori dell'iniziativa privata. Una delle principali bandiere del movimento è la migrazione del sistema di trasporto privato verso un sistema pubblico, che garantisce a tutti gli strati della popolazione l'accesso universale attraverso il free pass. Oggi il MPL vuole approfondire il dibattito sul diritto di andare e venire, sulla mobilità urbana nelle grandi città e su un nuovo modello di trasporto per il Brasile.

Come si può capire, non è stata la non conformità della popolazione brasiliana con una questione isolata, ma l'accumularsi di insoddisfazioni, sparse nei settori più diversi, che si sono accumulate nel corso degli anni, fino a diventare insopportabili, culminando nella fusione dell'outsourcing da parte del popolare delle loro non conformità con la politica nazionale che indirizzava il Paese all'epoca dei fatti.

Luiz Alcione Gonçalves prosegue[110] raccontando il momento storico vissuto dai brasiliani, soprattutto negli anni 2017 e 2018, un popolo estasiato dal pieno esercizio delle libertà di manifestazione, di riunione e di espressione, esaltando, all'estremo, lo spirito democratico che era stato loro garantito costituzionalmente:

> Con l'aumento delle dimostrazioni è cambiata anche l'attenzione. Il popolo ha messo in discussione le elevate spese finanziarie per la Confederations Cup, i Mondiali di calcio del 2014 e le Olimpiadi del 2016. Hanno anche protestato contro il voto sul PEC 37 - una proposta di emendamento costituzionale in corso al Congresso che potrebbe impedire alla Procura di condurre indagini penali, che è stata respinta.

---

[110] Ibidem, p. 9.

Va notato che le piccole e localizzate lotte della gente sono quotidiane, con i mezzi a disposizione per affrontare tutto questo. Una lotta silenziosa, per lo più senza visibilità.
Come si è visto, la precarietà del trasporto pubblico in Brasile non è una novità. Per più di due decenni, le lamentele degli utenti e dei lavoratori per il miglioramento dei trasporti pubblici e per i prezzi più bassi sono state numerose e quotidiane.

L'autore ritiene inoltre[111] che non si trattasse di un movimento delle classi sociali più elevate, che aveva una conoscenza sociale più raffinata dei fatti oggetto dei manifesti, ma di qualcosa a cui aderivano tutte le classi. Ovvero, è stato proprio lo spirito democratico a dare i volti, a mostrare in tutta la sua pienezza al potere statale le sue forze.

La periferia che una volta richiedeva questioni immediate come la sanità, i posti sanitari e la legalizzazione delle terre clandestine, ora si occupa di questioni come il razzismo, la violenza e la scarsa istruzione.
Così, oltre alle questioni urbane, le manifestazioni hanno affrontato anche la questione agraria, la mobilità urbana, l'esclusione e la disuguaglianza sociale, la violenza urbana e le pratiche corrotte divenute endemiche.

Tuttavia, l'autore riferisce anche[112] che, quando l'esercizio di tali diritti di manifestazione e di assemblea da parte della grande massa della popolazione brasiliana, causando l'interdizione di strade e viali da parte di migliaia di persone, altri diritti, anche fondamentali, dovevano essere relativizzati, come il diritto di andare e venire, per non parlare degli abusi praticati da alcuni, che attraversavano i manifestanti, depredavano edifici, saccheggiavano negozi, bruciavano auto, ecc:

D'altra parte, queste manifestazioni hanno inibito il diritto fondamentale delle persone ad andare e venire. Come si è visto, le strade e i viali sono stati presi dai manifestanti e le auto e le persone che non partecipavano ai movimenti non potevano transitare. In questo modo il diritto di andare e venire e anche di rimanere sono stati danneggiati. La conseguenza di tutto questo sono state le auto bruciate, gli edifici pubblici e privati distrutti, i feriti e la truculenza di agenti di polizia impreparati.

Come si vede, a questo punto della storia, per poter esercitare i diritti fondamentali di manifestazione e di riunione, altri diritti fondamentali dovevano essere mitigati.

Per chi si identifica con la teoria del "socialmente accettabile", il beneficio derivante dalle manifestazioni, attraverso l'aggregazione di persone con l'obiettivo di

---

[111] Ibidem, p. 9.
[112] Ibidem, p. 9.

difendere la moralità e la rettitudine nella Pubblica Amministrazione, supera gli altri diritti fondamentali che dovevano essere mitigati in quel momento, in particolare il diritto di andare e venire, fatto che, per i seguaci di questa teoria, legittima tali movimenti.

In questo ragionamento, conclude Luiz Alcione Gonçalves[113], giustificando la necessità dell'atto compiuto, di fronte alla totale disperazione in cui si è trovato il popolo brasiliano, senza aspettarsi giorni migliori:

> Nel senso di rivelare chi sono queste persone e perché sono scese in strada per rivendicare questioni fondamentali come la salute, la casa, l'occupazione, tra gli altri diritti sociali. Queste persone sono l'uomo del popolo che si indignano per la mancanza di politiche pubbliche verso la salute, con la paura di perdere e non trovare più posti di lavoro, senza speranza, senza sonno, senza aspettativa di un Paese migliore.
> Bisogna capire che anche il carattere ha dei limiti, quando la fame, la mancanza di speranza di vita, la mancanza di politiche di base, la disperazione si impadronisce dell'uomo, che è soggetto a mettere il suo volto sulla strada. Quest'uomo potrebbe anche commettere alcuni crimini per non aver visto altre possibilità per il futuro.
> [...]
> E' vero che il diritto costituzionale di circolare liberamente non impedisce alle autorità pubbliche di regolamentare il modo in cui questo movimento deve avvenire. Tuttavia, questa regola, basata su un potere di polizia che non rifiuta la legge e l'amministrazione, non può arrivare a limitare la libertà di movimento stessa. Così, i diritti fondamentali e le garanzie funzionano come veri e propri limiti dell'azione di polizia, cioè è su questo contesto giuridico che il membro di un'agenzia di polizia deve eseguire le misure appropriate per il mantenimento e il ristabilimento dell'ordine pubblico, attraverso tecniche e tecnologie di polizia allineate ai diritti e alle garanzie fondamentali, il cui nucleo è versato per la protezione della dignità umana.

Un altro esempio è quando le università e le università pubbliche sono occupate. Per i seguaci della teoria "socialmente accettabile", questo atto volto a migliorare la qualità dell'istruzione giustifica la momentanea restrizione del diritto all'istruzione. Questo perché si spera che il miglioramento a cui si mira vada a beneficio di tutta la popolazione studentesca.

Bianca Tavolari, Marília Rolemberg Lessa, Jonas Medeiros, Rúrion Melo e Adriano Januário[114], nel raccontare un fatto accaduto nello stato di San Paolo, divenuto popolarmente noto come "primavera studentesca", che riguardava

---

[113] Ibidem, p. 9.
[114] TAVOLARI, Bianca et al. Occupazioni nelle scuole pubbliche di San Paolo (2015-2016): tra proprietà e diritto di dimostrare. **Nuovi studi CEBRAP**, San Paolo, v. 37, n. 2, p. 291-310, maggio-ago. , 2018, p. 291-292.

l'occupazione di centinaia di scuole pubbliche, da parte degli studenti, manifestando contro le politiche del governo scolastico, lo hanno ritratto:

> Tra la fine del 2015 e l'inizio del 2016, centinaia di scuole pubbliche nello stato di San Paolo sono state occupate dagli studenti stessi, prima contro la decisione del governo statale di riassegnare gli studenti e di chiudere le scuole e poi intorno ai pasti scolastici. Insieme ad altri massicci movimenti di occupazione scolastica in almeno altri otto stati, questo ciclo di occupazioni divenne noto come "primavera secondaria". Le proteste degli studenti erano ben lungi dall'affrontare direttamente le questioni legali della proprietà e della proprietà. Prima di allora, era in gioco una politica educativa specifica nelle mobilitazioni e nei discorsi degli studenti delle scuole superiori. Il motto "la scuola è nostra" esprimeva più un'appropriazione sociale e collettiva di un bene, inteso come comune, che il rapporto del singolo titolare che può usare e disporre di ciò che è suo. Eppure questo conflitto è stato portato alla magistratura sotto la chiave della discussione legale sul possesso.

Più avanti, Bianca Tavolari, Marília Rolemberg Lessa, Jonas Medeiros, Rúrion Melo e Adriano Januário [115] portano nel loro testo un fatto molto curioso, commentando che non era un'occupazione individuale, ma un'occupazione fatta dalla società, rappresentata in quell'atto dagli studenti, essendo l'occupazione, un modo per manifestare contro le politiche del governo studentesco. Vediamo un po':

> Questo perché una delle principali tattiche usate dal movimento secondario è stata l'occupazione delle scuole pubbliche, che, dal punto di vista del diritto brasiliano, fanno parte del patrimonio pubblico e, quindi, sono di proprietà dello Stato (Malheiros, 2016, p. 634). [2] Le occupazioni hanno motivato le richieste di riappropriazione da parte del governo di San Paolo. Sebbene questa strategia non sia nuova nei casi più disparati di occupazione di beni immobili di proprietà dello Stato, ciò che è nuovo in questo caso è la risposta data dalla magistratura. Come vedremo, una prima decisione ha compreso che non si trattava di possesso, ma del diritto degli studenti di esercitare la libera manifestazione, impedendo lo sfratto attraverso l'uso della Polizia Militare (pm); já una seconda decisione non negava direttamente il riappropriazione, ma richiedeva condizioni per il suo adempimento. Entrambe le risposte sono insolite da parte della Corte di giustizia di San Paolo (tjsp), considerata un tribunale conservatore in materia fondiaria, nella misura in cui rompono con uno schema ricorrente che finora si è ragionevolmente stabilizzato nei casi di riappropriazione: azioni che discutono solo di questioni di possesso, senza affrontare la rivendicazione di altri diritti che possono essere alla radice del conflitto.

Per gli studenti, e per le altre persone che partecipavano all'atto, a loro avviso, di natura democratica, difendendo un diritto fondamentale che era stato loro costituzionalmente garantito, cioè un'educazione di qualità, non c'era nulla di irregolare

---

[115] Ibidem , p. 292.

nel movimento chiamato "primavera studentesca", poiché erano lì a lottare per un beneficio che si sarebbe riflesso in modo favorevole in tutta la società.

Non si trattava di un movimento isolato, ma di un movimento che contava sull'adesione di un generoso strato del corpo studentesco. Tali occupazioni, giudicate irregolari dalla pubblica amministrazione perché costituivano un vero e proprio abuso di diritto da parte dei manifestanti, sono state oggetto di azioni legali, nelle quali è stata rivendicata la restituzione della proprietà pubblica, sotto l'ottica dello Stato, indebita.

La magistratura, in un primo momento di analisi del caso, ha compreso che non si trattava di mera questione di possesso, ma del libero esercizio del diritto di dimostrare da parte degli studenti, riconoscendo così, anche se implicitamente nel giudizio, l'applicabilità della "teoria socialmente accettabile" al caso ora in analisi.

Nel commentare il punto di vista della magistratura sulla ormai citata "primavera degli studenti", Bianca Tavolari, Marília Rolemberg Lessa, Jonas Medeiros, Rúrion Melo e Adriano Januário [116] sottolineano che

> Il fattore centrale per allentare la restrizione della libertà di manifestazione è stato un cambiamento nella comprensione dei soggetti coinvolti (chi protesta) e dell'oggetto (per ciò che si protesta). Se prima le decisioni consideravano Apeoesp responsabile dell'organizzazione degli atti, ora l'attenzione si è spostata sugli studenti. Per la prima volta sono comparsi nel procedimento non come invasori anonimi, ma come attori politici e soggetti di diritto. Mentre le azioni di Apeoesp sono state dipinte come resistenza alle decisioni dell'Esecutivo, mentre gli studenti entravano in scena, le manifestazioni hanno acquisito significato come rivendicazioni di partecipazione democratica al processo decisionale delle politiche pubbliche. Così, le "invasioni di edifici pubblici" assumono la nuova veste di "occupazioni" coperte di "carattere eminentemente protestante".
> Due altri due argomenti collaterali hanno reso possibile questo cambiamento di comprensione. In primo luogo, la tesi che le manifestazioni si stavano già diffondendo e, quindi, né le decisioni giudiziarie né l'azione della polizia sarebbero mezzi efficaci per contenerle. Poi, la caratterizzazione degli studenti come bambini e adolescenti, imponendo il bisogno di protezione e il rispetto dell'integrità fisica e psicologica, secondo lo Statuto del bambino e dell'adolescente. Pertanto, il primo argomento riguarda l'efficacia della decisione e il secondo riguarda i diritti fondamentali delle minoranze riconosciute e protette dall'ordinamento giuridico.

La magistratura di primo grado, come narrano gli autori [117] nel commento, ha lasciato la sua linea conservatrice, conferendo legittimità democratica al movimento studentesco, una volta scoperto che le occupazioni scolastiche avevano un carattere eminentemente "protestante".

---

[116] Ibidem, p. 299.
[117] Ibidem, p. 292.

La rottura con lo schema di routine è stata messa in discussione da Fesp in seconda istanza. Tuttavia, i giudici hanno deciso all'unanimità di mantenere la sospensione di tutte le riappropriazioni delle scuole occupate. Lavoriamo con l'ipotesi che la ripetizione dell'udienza di conciliazione nella 7a Camera di Diritto Pubblico sia fondamentale per spiegare questo risultato. C'è stata una momentanea formazione di un altro "pubblico forte": gli studenti di decine di scuole occupate nella capitale di San Paolo si sono riuniti in un auditorium del tjsp e hanno discusso con i giudici, il segretario all'Educazione, Apeoesp, un procuratore e un difensore d'ufficio (Campos; Medeiros; Ribeiro, 2016, pp. 162-167).

Nella pronuncia pregiudiziale, il relatore giudice Coimbra Schmidt ha respinto la richiesta presentata. Nel suo voto, ha dichiarato che l'appello del governo non è ammissibile "perché l'intenzione di cedere lo stato di possesso non è chiaramente presente, ma piuttosto atti di disobbedienza civile praticati nel rigonfiamento della ristrutturazione dell'educazione ufficiale dello stato per discutere la questione". Insiste sul fatto che l'oggetto della richiesta non è più una questione di possesso, ma piuttosto "espressioni di disobbedienza civile di fronte a un'autentica violenza civile di cui i manifestanti si considerano vittime".

Alla luce di tutto ciò, è facile comprendere l'uso da parte della magistratura dello Stato di San Paolo della teoria del "socialmente accettabile", poiché, invece di concedere semplicemente la riappropriazione dei beni al governo, si è pensato a chi fossero i soggetti coinvolti nell'occupazione (gli studenti) e a cosa volessero (migliori condizioni di insegnamento).

Ben presto, prima di quella che agli occhi della magistratura poteva essere vista come un'invasione, fu vista come una mera occupazione, rappresentata dal diritto fondamentale di manifestare.

Lo scopo sociale dell'occupazione è noto in questo caso; il bene legale protetto dal movimento della "primavera studentesca" rappresenta qualcosa che, se accettato dallo Stato, porterà benefici a un gran numero di studenti. Per questo motivo l'atto è stato tollerato dalla magistratura.

Tuttavia, questa comprensione non è così pacifica e solidificata nell'ambiente legale. La stessa Procura di Stato di San Paolo, alla domanda del capo della Segreteria di Pubblica Sicurezza sulla possibilità di lasciare gli edifici pubblici per mezzo di una forza di polizia, indipendentemente dall'ordine giudiziario, ha risposto[118] :

"Occupazione" come "invasione criminale": l'opinione del Procuratore Generale

---

[118] Ibidem, pp. 307-308.

Il procuratore generale Elival da Silva Ramos esprime la sua opinione in un allegato al primo parere del procuratore generale Alves. Ramos usa direttamente argomenti politici per difendere la Segreteria della Sicurezza e la manutenzione dei beni pubblici:

Di fronte all'autentica "banalizzazione" delle occupazioni di beni immobili assegnati ai servizi pubblici dello Stato di San Paolo, con il falso pretesto che si tratti dell'esercizio della libertà di manifestazione del pensiero o del diritto di riunione, questo Procuratore generale dello Stato raccomanda che i Segretariati di Stato, agendo di concerto con la Segreteria di Pubblica Sicurezza, modifichino il sistema finora adottato, di chiedere a questo organo di patrocinio pubblico di ottenere in tribunale ordini di riappropriazione.

Ramos si esprime nella squalifica delle decisioni del tjsp: per il procuratore generale, non c'è possibilità di intendere le occupazioni come una contrapposizione tra diritti di proprietà e diritti alla libera manifestazione. Se l'opinione di Alves ha cercato di dare motivazioni legali per l'autotutela, l'opinione di Ramos mira a porre fine a qualsiasi traccia di legittimità e legalità delle occupazioni secondarie. Il vocabolario utilizzato è significativo: le occupazioni non avrebbero "il minimo sostegno nel sistema giuridico brasiliano" e, quindi, sarebbe necessario "evitare la loro diffusione". Inoltre, le professioni sono intese come una vera e propria violazione dello stato di diritto.

È nota, in questo parere, la totale intolleranza da parte della Procura di Stato di San Paolo nei confronti dell'occupazione di edifici pubblici, che non giustifica l'esercizio della libertà di manifestare nell'occupazione di tali edifici, menzionando, addirittura, la punizione dei manifestanti in caso di danni ai beni pubblici. Vediamo la continuazione dal punto di vista del suddetto ufficio del Procuratore:

Trattare le occupazioni come invasioni criminali non è solo un'altra risorsa in un discorso più ampio di delegittimazione. Ci sono conseguenze giuridiche e pratiche dirette di questa posizione. Ramos estrapola la richiesta di Moraes e suggerisce modi per sanzionare gli occupanti. No só raccomanda che gli sfratti si avvalgano delle forze di polizia "il più rapidamente possibile", ma indica anche che gli studenti devono essere puniti penalmente in caso di danni alla proprietà. Va oltre e suggerisce anche sanzioni amministrative, con l'apertura di un procedimento amministrativo per accertare il comportamento degli studenti nelle scuole. Le occupazioni sono intese come un male da estirpare, come un insieme di illegalità che non può essere ripetuto. Anche le udienze di conciliazione sono viste come soluzioni "incompatibili" perché i gruppi "non sono interessati a mantenere un dialogo costante e produttivo con l'Amministrazione".

Per il Procuratore generale, non si tratta solo di sostanziare i poteri di autotutela, ma di raccomandare allo Stato di utilizzare tutti gli strumenti del potere di polizia, senza alcun intermediario o dialogo, per liberare le scuole ad ogni costo.

In altre parole, per il Procuratore di Stato di San Paolo, quando prende posizione sul movimento studentesco allora chiamato "primavera studentesca", poco importa chi compie l'atto o il suo oggetto. Se un edificio pubblico è occupato, tale occupazione è indebita, e non c'è motivo di considerare l'applicazione della teoria "socialmente accettabile", poiché invece dell'occupazione, l'atto è visto come un'invasione. Questo Istituto non trova alcun sostegno legale, per questo deve essere severamente ripudiato e i suoi attori devono essere puniti in modo esemplare.

Nel commentare la posizione adottata dalla Procura di Stato di San Paolo e lo svolgimento delle conseguenze legali che il movimento della "primavera studentesca" ha causato, Bianca Tavolari, Marília Rolemberg Lessa, Jonas Medeiros, Rúrion Melo e Adriano Januário[119] segnano:

> La nuova strategia del Ramo Esecutivo è, come cerchiamo di dimostrare, fragile e autoritaria. Tuttavia, è stato efficace. Se l'evasione della magistratura diventa effettivamente una nuova routine, questo teráquesto terá diversi sviluppi: l'argomentazione legale intorno all'occupazione delle scuole e le interpretazioni divergenti dei diritti (che possono verificarsi anche all'interno di "pubblici forti", che rendono la magistratura porosa alla mobilitazione sociale) saranno sostituite dall'esercizio del potere come violenza di stato; la momentanea trasformazione delle occupazioni incontra i pubblici subordinati sarà bloccata; tutto questo risulterà, in ultima analisi, nello svuotamento della sfera pubblica e della stessa democrazia.
> Rimane tuttavia aperta la questione giuridica della necessità di consultare in anticipo la magistratura in merito ai posti vacanti di proprietà pubblica. Lo psol ha giudicato l'adpf n. 412 del FST, mettendo in discussione il parere del Procuratore generale dello Stato. Il relatore della causa è stato lo stesso Alexandre de Moraes, allora segretario alla sicurezza che ha presentato la richiesta e ora ministro della STF. Moraes non si è dichiarato impedito. Nel maggio 2017, ha respinto il ricevimento del ricorso sostenendo che non erano presenti i requisiti costituzionali per l'adpf. Lo psol ha presentato ricorso contro la decisione. Se la causa viene effettivamente riesaminata, la decisione della STF costituisce un altro capitolo della controversia che riguarda il diritto di dimostrare e il possesso di beni immobili pubblici. C'è da aspettarsi che il reporter difenda gli stessi interessi che hanno motivato la richiesta fatta al Procuratore Generale, in modo da garantire gli ampi poteri statali di polizia e di difesa della proprietà.

La verità è che l'apparente conflitto tra i diritti fondamentali è una questione che suscita molte controversie ed è ben lungi dall'avere una teoria in grado di pacificare la questione. Con la teoria del "socialmente accettabile" non è molto diversa, nonostante il suo forte background sociale, quella più tradizionale ne nega la piena applicabilità, come si potrebbe dedurre nei casi trattati nel presente argomento.

2.2 Teoria dei "limiti dei limiti"

Come già detto in precedenza, non esiste un diritto assoluto, perché per quanto fondamentale possa essere, può essere relativizzato. È frequente che i diritti

---

[119] Ibidem, p. 309.

fondamentali entrino apparentemente in conflitto, e spetta all'operatore del diritto sapere come affrontare la situazione, accogliendo gli istituti in modo che non diventino vuoti.

In questa linea di ragionamento, Gilmar Ferreira Mendes[120] , nella sua opera Controle de Constitucionalidade de Direitos Fundamentais, sottolinea che

> Si parla di scontro tra diritti fondamentali quando si individua un conflitto derivante dall'esercizio dei diritti fondamentali da parte di diversi titolari. La collisione può anche derivare da un conflitto tra i diritti individuali del titolare e i beni legali della comunità. Si noti che l'idea di conflitto o di collisione dei diritti individuali comprende anche i temperamenti. Non tutto ciò che viene praticato nel presunto esercizio di un certo diritto trova rifugio nel suo ambito di protezione.
> Così, molte questioni trattate come rapporti conflittuali di diritti individuali costituiscono conflitti apparenti, poiché le pratiche controverse vanno al di là della protezione offerta dal diritto fondamentale in cui si cerca rifugio. L'identificazione precisa dell'ambito di protezione del diritto indica se un determinato comportamento è protetto o meno. La Corte costituzionale tedesca ha già dichiarato che il diritto di esprimere il proprio pensiero non autorizza l'inquilino a mettere propaganda elettorale in casa del proprietario. Allo stesso modo, sembra inaccettabile che la poligamia sia considerata sulla base della libertà di religione o che la libertà scientifica sia esercitata a scapito del patrimonio altrui, o che l'omicidio sia praticato sul palcoscenico a scapito della libertà artistica.
> Anche se non è raro pensare a una presunta collisione dei diritti, è certo che in questi casi la condotta in questione è già al di fuori dell'ambito della tutela dei diritti fondamentali.
> Si ha quindi una vera e propria collisione solo quando un diritto individuale influisce direttamente sulla portata della protezione di un altro diritto individuale. Nel caso di diritti soggetti a espressa riserva legale, spetta al legislatore tracciare gli opportuni limiti per garantire il pacifico esercizio delle facoltà eventualmente in conflitto.

Come già detto, l'apparente conflitto che può esistere tra il diritto alla libertà di manifestazione e l'intimità, solo a titolo esemplificativo, può essere perfettamente risolto consentendo a una persona di esercitare il suo diritto di manifestare, purché non offenda l'intimità di un'altra. In altre parole, l'esercizio di un diritto non dovrebbe necessariamente implicare la restrizione di un altro che trovi pari tutela costituzionale.

Limitare un diritto non significa impedirne l'esercizio in modo illimitato, ma piuttosto imporre punti limite di incidenza in modo che possano produrre effetti fino a un certo stato di eventi faticosi.

---

[120] MENDES, Gilmar Ferreira. **Diritti fondamentali e controllo della costituzionalità:** studi di diritto costituzionale (serie EDB). San Paolo: Saraiva, 2012, p. 86.

André Ramos Tavares[121] , quando parla dell'inesistenza di diritti assoluti nell'ordinamento giuridico nazionale, ponendo l'accento sul principio della coesistenza delle libertà, in modo che esse non possano servire da scudo per la pratica di atti che si confrontano con l'ordinamento giuridico nazionale, commenta che:

> Non esiste un diritto umano sancito dalle Costituzioni che possa essere considerato assoluto, nel senso che è sempre valido come massimo da applicare in casi specifici, indipendentemente dalla considerazione di altre circostanze o valori costituzionali. In questo senso, è corretto affermare che i diritti fondamentali non sono assoluti. Esiste un'ampia gamma di ipotesi che, in ultima analisi, limitano la portata assoluta dei diritti fondamentali.
> Si deve quindi considerare che i diritti umani sanciti e garantiti: 1° non possono servire da scudo protettivo per la pratica di attività illecite; 2° non possono essere usati per sostenere l'irresponsabilità civile; 3° non possono annullare altri diritti ugualmente sanciti dalla Costituzione; 4° non possono annullare gli stessi diritti di altre persone, e devono essere applicati in modo armonico nella sfera materiale.
> Qui, la massima della resa reciproca o relatività, chiamata anche "principio della coesistenza delle libertà", si applica quando la massima si applica al campo dei diritti fondamentali.

Nella stessa linea di ragionamento, João Trindade Cavalcante Filho[122] , quando esemplifica le ragioni per cui afferma che non ci sono diritti fondamentali assoluti, lo precetta:

> È consuetudine dirlo per due motivi:
> (a) I diritti fondamentali possono essere in conflitto tra loro, il che determina l'imposizione di limitazioni reciproche. Così, ad esempio, il diritto alla libertà di espressione non è assoluto, perché può essere in contrasto con il diritto alla privacy.
> b) Nessun diritto fondamentale può essere usato come scudo per la commissione di atti illeciti. I diritti fondamentali, infatti, tutelano i loro titolari quando si muovono di fronte ad atti leciti, perché sarebbe una contraddizione in termini definire la stessa condotta come un diritto e un illecito. Pertanto, se la legge definisce una condotta come illecita (reato, ad esempio), non può essere considerato equo l'esercizio di un diritto fondamentale che porta a tale condotta. Non è valido, ad esempio, affermare la libertà di esprimere il proprio pensiero per diffondere idee razziste o discriminatorie, come ha ribadito la STF.

Pertanto, per quanto fondamentale possa sembrare un diritto fondamentale, ha dei limiti. Ma quali sarebbero questi limiti?

---

[121] TAVARES, André Ramos. **Corso di Diritto Costituzionale**. San Paolo: Saraiva, 2010, p. 528.
[122] CAVALCANTE FILHO, João Trindade. op. cit.

77

È quasi automatico rendersi conto che un diritto fondamentale trova il suo limite in un altro diritto fondamentale; cioè, come già sappiamo, nessun diritto fondamentale è assoluto al punto da poter essere esercitato senza restrizioni. In questo tappeto, Giovanni il Figlio Trinitario Cavalcante[123] insegna che non c'è diritto più fondamentale dell'altro, per cui, essendo entrambi fondamentali, l'uno deve mantenere il dovuto rispetto per l'altro, il tutto accomodando la luce del caso concreto. Vediamo:

> Il primo limite che i diritti fondamentali incontrano è l'esistenza stessa di altri diritti, per quanto fondamentali. È qui che nascono i conflitti (apparenti) tra i diritti.
> Una volta adottata la teoria esterna, come sembra essere la tendenza della Corte suprema, il conflitto tra i diritti fondamentali deve essere risolto sulla base del principio ermeneutico dell'*armonizzazione*, o *reciproco cedimento*, o *concordanza pratica, di* cui abbiamo già parlato commentando i principi dell'ermeneutica costituzionale. In altre parole: il conflitto dei diritti fondamentali non si risolve in modo astratto, ma alla luce del caso specifico, soppesando i beni giuridici in conflitto per vedere quale di essi dovrebbe prevalere in *quel caso*.

In casi esemplificativi di casi in cui i diritti fondamentali di primaria importanza sono in apparente conflitto con altri diritti fondamentali, John Trinity Cavalcante Filho[124] è abbastanza illuminante nel registrarlo:

> Ad esempio: nel conflitto tra il diritto alla vita e la sicurezza dello Stato, quale dovrebbe prevalere? Risposta: DEPEND. Secondo le condizioni del caso specifico, può essere che la vita prevalga (per esempio: un assassino non può essere ucciso "per la sicurezza dello Stato"), oppure può essere che si arrenda alla sicurezza dello Stato (c'è la pena di morte in caso di guerra dichiarata). Pertanto, nessun diritto è assoluto, nemmeno la vita.
> Casi e altri casi possono essere citati come esempi di concorrenza tra i diritti fondamentali:
> a) il diritto alla vita *contro la* libertà di religione quando qualcuno che professa il credo dei "Testimoni di Jeová" rifiuta di sottoporsi a un trattamento che richiede una trasfusione di sangue o un trapianto di organi;
> b) il diritto alla libertà di informazione giornalistica *contro il* diritto all'intimità quando un'attrice viene filmata mentre fa sesso sulla spiaggia (caso Cicarelli) o quando una persona pubblica viene fotografata all'interno di un club privato (caso Caroline di Monaco: *Hannover contro la Germania*, giudicata dalla Corte Europea dei Diritti dell'Uomo, dando alla Principessa una vittoria;)
> c) diritto alla libertà di espressione *contro il* divieto di razzismo (caso Ellwanger);
> d) il diritto alla libertà di espressione *contro il* divieto di incitamento a commettere reati, come nel caso della band Bidê o Bucket, obbligata a smettere di eseguire pubblicamente la canzone "E porque não?", il cui testo raffigurava una relazione pedofila;

---

[123] Ibidem, p. 21.
[124] Ibidem, p. 22.

e) il diritto alla libertà di espressione *contro il* divieto di atti osceni, come nel caso di Gerald Thomas, in cui la STF ha ritenuto che la pratica del regista teatrale di mostrare le natiche al pubblico, come ritorsione per gli stimoli subiti in una commedia rivolta a un pubblico adulto, non potesse essere criminalizzata come atto osceno.

Negli esempi sopra citati, i principali diritti fondamentali come la vita, la libertà di informazione e la libertà di espressione sono limitati nell'esercizio di altri diritti fondamentali, rispettivamente: libertà di religione, diritto alla privacy, divieto di razzismo, divieto di incitamento a commettere reati e divieto di atti osceni.

Ma non tutto è così facile come sembra, perché il legislatore deve creare una definizione dei diritti fondamentali che ha creato. Spetta cioè al potere legislativo, quando si inaugura nel testo normativo un certo diritto fondamentale, l'obbligo di definirlo, avvalendosi della discrezionalità, insistendo sul potere di legiferare, di stabilire limiti, quella parte della dottrina che chiama libertà di conformazione (libertà di definizione).

Dimitri Dimoulis e Leonardo Martins [125] commentano che alcuni diritti fondamentali sono tipizzati in modo generico, nemmeno nella Costituzione federale, e in questi casi spetta al legislatore ordinario definire tali diritti.

> Alcuni diritti fondamentali sono enunciati in termini estremamente generali. È il caso della garanzia di proprietà (art. 5, *caput* e comma XXII della Costituzione), poiché la Costituzione federale non offre nemmeno una definizione del suo contenuto. In tali casi, il diritto infra-costituzionale deve concretizzare il diritto fondamentale, cioè indicare il suo contenuto e la sua funzione, come fa il Codice Civile in relazione al diritto di proprietà. Qui il costituente offre al legislatore comune un ampio *potere di definizione*.

Non c'è dubbio che, quando si definisce un istituto, si creano delle barriere che ne limitano il campo di incidenza, ed è per questo che un tale compito non può essere svolto da nessuno. È quindi necessario assegnare la competenza per questo.

Di norma, una legge trova dei limiti solo in un'altra legge. José Joaquim Gomes Canotilho[126], mentre parla della questione, avverte:

> Quando nei precetti costituzionali la possibilità di limitazione dei diritti, delle libertà e delle garanzie è espressamente indicata nel sito prevê, si parla di diritti soggetti a riserva di legge restrittiva. Ciò significa che l'ordinamento costituzionale è contemporaneamente: (1) una regola di garanzia, perché

---

[125] DIMOULIS, Dimitri; MARTINS, Leonardo. **Teoria generale dei diritti fondamentali**. San Paolo: RT, 2007, p. 152.
[126] CANOTILHO, José Joaquim Gomes. op. cit.

riconosce e garantisce un certo ambito di tutela del diritto fondamentale; (2) una regola di autorizzazione delle restrizioni, perché autorizza il legislatore a stabilire limiti all'ambito di tutela costituzionalmente garantito.

In questa stessa raccolta, João Trindade Cavalcante Filho[127] , quando scrive sulla differenziazione dalla semplice riserva legale a quella qualificata, lo chiarisce:

> Vi sono, tuttavia, casi in cui la Costituzione stessa richiede al legislatore di disciplinare un certo diritto fondamentale, specificandolo, *purché sia fatto per legge*. Questo è il caso della cosiddetta *riserva di legge* (*riserva legale*).
> Tuttavia, è necessario distinguere tra riserve legali *semplici* e riserve legali *qualificate*. La riserva legale, infatti, è la determinazione costituzionale che una certa questione sia trattata solo attraverso la legge in senso formale (semplice riserva legale) - come, ad esempio, quando richiede la legge per la definizione dei reati e delle pene. Si parla di riserva legale qualificata quando la Costituzione richiede una legge specifica per trattare una certa questione e la Costituzione stessa stabilisce già le restrizioni che la legge può stabilire (come, ad esempio, nel violare la riservatezza delle comunicazioni telefoniche, dove la Costituzione già prevê le possibilità di violare).
> Nota: il principio di legalità è la generica sottomissione alla legge; la riserva legale (che è spesso legata al principio di legalità) è la riserva che la Costituzione impone affinché una certa materia sia regolata dalla legge só (per esempio, l'art. 88: "*La legge* [e non il decreto, ecc.] *disporáá sulla creazione e l'estinzione di Ministeri e organi della pubblica amministrazione*").

Come ben delinea l'autore sopra citato, la regola è che i diritti fondamentali previsti dal testo costituzionale possono essere limitati solo da norme costituzionali, anche per una questione di gerarchia, secondo la teoria "kelseniana", che sostiene che la norma costituzionale è all'apice dell'ordinamento giuridico. Così, le altre regole devono mantenere la rispettiva obbedienza, pena l'incostituzionalità.

Tuttavia, vi sono casi in cui il testo costituzionale stesso conferisce al legislatore infracostituzionale il compito di regolare il diritto fondamentale. Regolamentando, il legislatore può benissimo creare alcune eccezioni per l'esercizio di tali diritti.

L'atto praticato dal legislatore infracostituzionale di limitare il campo di incidenza di un diritto fondamentale non è quello di negare la sua validità, ma di imporre limitazioni a scapito della convivenza pacifica con altri diritti.

La dottrina, che si occupa delle limitazioni imposte ai diritti fondamentali, soprattutto per quanto riguarda la loro profondità fino a non svuotare l'istituto, ha creato

---

[127] CAVALCANTE FILHO, João Trindade. op. cit.

la cosiddetta teoria dei "limiti dei limiti", che si occupa di stabilire dei limiti, i limiti poi imposti all'esercizio di un diritto fondamentale.

Nel commentare la necessità di imporre limiti ai diritti fondamentali, Giovanni Trinità Cavalcante Filho[128] lo insegna:

> Sebbene i diritti fondamentali siano effettivamente limitati, queste restrizioni non devono essere così profonde da renderli dei gusci vuoti.
> Affinché l'attività del legislatore ordinario non possa svuotare efficacemente i diritti fondamentali del loro contenuto, emerge la teoria che le limitazioni stesse a questa classe di diritti subiscono limitazioni: è la teoria dei *limiti dei limiti*.
> Come avverte il professor Dimitri Dimoulis, "*è vietato proibire l'esercizio del diritto oltre il necessario*".
> Possiamo indicare come limiti ai limiti dei diritti fondamentali: il
> la necessità di rispettare il *nucleo essenziale di* questi diritti e l'obbligo di rispettare il principio di *proporzionalità*.

Il punto che merita di essere sottolineato nel testo sopra citato è quando l'autore parla del rispetto del nucleo essenziale dei diritti fondamentali con l'obbligo di adeguare l'atto da praticare al principio di proporzionalità.

Sempre sulla teoria dei "limiti dei limiti", fortemente influenzata dal principio di proporzionalità, [129]aggiunge John Trinity Cavalcante Filho:

> Secondo questa teoria, diffusa in Germania, il legislatore, limitando i diritti fondamentali, non può attraversare un certo confine, cioè non può svuotarli. In altre parole: al legislatore è consentito *limitare i* diritti fondamentali, ma non può limitarli tanto da renderli innocui o vuoti.
> Un esempio potrebbe chiarire questa distinzione. Il testo costituzionale stesso permette (FC, art. 5, XIII) al Congresso Nazionale di emanare leggi che regolano l'esercizio di alcune professioni, richiedendo, ad esempio, alcune qualifiche tecniche per l'esecuzione di alcuni compiti. È legittimo, quindi, esigere che una persona possa fare l'ambulatorio solo se è laureata in Medicina.
> Sarebbe tuttavia costituzionale esigere che solo le persone in possesso del titolo di post-dottorato (P.h.D.) in legge possano esercitare la professione forense? Certo che no. E perché? Poiché una tale restrizione andrebbe oltre il ragionevole, limiterebbe il diritto fondamentale così tanto da renderlo vuoto. In altre parole: perché questa restrizione violerebbe il *nucleo* stesso (=essenza) del diritto in questione.

Nell'affrontare la questione della tutela del nucleo essenziale di un diritto fondamentale, il Tribunale federale[130], nell'analizzare l'apparente conflitto di norme esistente tra il diritto fondamentale della libertà di esercizio professionale a scapito delle restrizioni imposte dalla legge, ha affermato quanto segue:

---

[128] Ibidem, p. 24.
[129] Ibidem, p. 24.
[130] STF. **RE 511.961/SP. Relatore il Ministro Gilmar Mendes**. DJe del 12.11.2009 , p. 1.

AMBITO DI TUTELA DELLA LIBERTÀ DI ESERCIZIO DELLA PROFESSIONE (ART. 5, PUNTO XIII DELLA COSTITUZIONE). L'IDENTIFICAZIONE DELLE RESTRIZIONI E DELLE CONFORMAZIONI LEGALI CHE SONO COSTITUZIONALMENTE CONSENTITE. RISERVA LEGALE QUALIFICATA. PROPORZIONALITÀ. La Costituzione del 1988, nell'assicurare la libertà professionale (art. 5, XIII), segue un modello di riserva legale qualificata presente nelle precedenti Costituzioni, che prescriveva alla legge la definizione di "condizioni di capacità" come fattori condizionanti per l'esercizio professionale. Nell'ambito del modello di riserva legale qualificata presente nella formulazione dell'art. 5, XIII della Costituzione del 1988, si pone un'immanente questione costituzionale sulla ragionevolezza e proporzionalità delle leggi restrittive, in particolare delle leggi che disciplinano le qualifiche professionali come condizioni per il libero esercizio delle professioni. Giurisprudenza del Tribunale federale: Rappresentanza n. 930, Scrittore della sentenza Ministro Rodrigues Alckmin, DJ, 2-9-1977. La riserva legale istituita dall'art. 5, XIII, non conferisce al legislatore il potere di limitare l'esercizio della libertà professionale fino a raggiungere il proprio nucleo essenziale.

Gilmar Ferreira Mendes[131] è abbastanza enfatico nel sostenere che la Corte Costituzionale brasiliana utilizza il principio di proporzionalità per risolvere gli apparenti conflitti di diritti fondamentali, principio ampiamente utilizzato dalla Corte Suprema, per non negare la validità di altri diritti, la misura che tempera il campo di incidenza di questi nel caso ora posto sotto il setaccio della patria della Corte Costituzionale.

Commentando che la tutela del nucleo essenziale dei diritti fondamentali non è esplicitamente menzionata nel testo costituzionale, João Trindade Cavalcante Filho[132] lo sottolinea:

> La tutela del nucleo essenziale dei diritti fondamentali non è espressamente citata nella Costituzione brasiliana, contrariamente a quanto si vede, ad esempio, nella *Grundgesetz* (Legge fondamentale tedesca), il cui art. 19, 2, stabilisce che "*In nessun caso un diritto fondamentale può essere mancato nel suo nucleo essenziale*".
> Tuttavia, è inequivocabile che questa teoria è adeguata al sistema giuridico brasiliano. Del resto, quando la Costituzione prevede, al § 4 dell'art. 60, che le proposte di modifica *volte ad abolire i* diritti e le garanzie individuali non possono essere oggetto di deliberazione, essa impone la tutela del *nucleo essenziale di* tali diritti. Questo è quanto la STF ha già riconosciuto: "*(...) i limiti materiali al potere costitutivo della riforma, che l'art. 60, § 4 della Legge fondamentale elenca, non significano l'intangibilità letterale della rispettiva disciplina nella Costituzione, ma solo la protezione del nucleo essenziale dei principi e degli istituti la cui conservazione è in essi tutelata*". Si può dire, quindi, che il Brasile adotta la teoria del nucleo essenziale dei diritti fondamentali, ma che tale regola non è espressamente prevista dalla Costituzione.

---

[131] MENDES, Gilmar Ferreira. op. cit.
[132] CAVALCANTE FILHO, João Trindade. op. cit.

Anche quando ci si avvicina alla tutela del nucleo essenziale dei diritti fondamentali, basato sulla teoria dei "limiti dei limiti", esistono due correnti dottrinali[133] che sostengono, secondo i rispettivi punti di vista, che il nucleo essenziale dei diritti fondamentali non può essere in alcun modo violato (teoria assoluta); un'altra che già permette una relativizzazione di questo nucleo essenziale, secondo la specificità del caso concreto, è quella della teoria relativa.

Secondo Dimitri Dimoulis e Leonardo Martins[134], la maggior parte della corrente aderisce alla teoria dell'assoluto, che dà maggiore protezione al nucleo essenziale dei diritti fondamentali.

Proteggere il nucleo essenziale dei diritti fondamentali, così come già sposati, significa limitarli, qualora la situazione faziosa posta in analisi lo richieda, a condizione che ne venga salvaguardata l'essenza, non implicandone l'assoluta irrealizzabilità giuridica.

L'equilibrio per trovare la giusta misura per l'applicazione della teoria dei "limiti dei limiti" è, senza ombra di dubbio, come già detto, il principio di proporzionalità, che secondo le parole di Giovanni Trinità Cavalcante Filho[135] :

> La parola "proporzionale" deriva dal latino *proportio*, che si riferisce principalmente alla divisione in parti uguali o corrispondenti a un dato motivo. È legata ombelicalmente all'idea di quantità, di misura giusta, di equilibrio.
> Ha cominciato ad essere utilizzato nella moderna scienza giuridica sotto l'influenza del diritto tedesco, in particolare la giurisprudenza del *Bundesverfassungsgericht* (Corte costituzionale federale tedesca), che, nella risoluzione di casi specifici, ha formulato una vera e propria teoria sul principio.
> Attraverso questo principio è possibile analizzare la legittimità delle restrizioni ai diritti fondamentali per verificare se esse rispettano l'equità, la proporzione tra causa ed effetto e tra mezzi e fine.
> Tradizionalmente vengono indicati come elementi di proporzionalità, alla luce della teoria formulata nel diritto tedesco: adeguatezza, necessità (esigibilità) e proporzionalità in senso stretto. I primi due, come già spiegato, corrispondono all'idoneità dei mezzi per raggiungere il fine (adeguatezza) e all'indispensabilità del loro utilizzo (necessità). La terza si riferisce più direttamente alla stima della quantità di utilizzo del mezzo e alla misurazione del fine: serve ad indagare se l'atto non abbia utilizzato il mezzo in modo esagerato o insufficiente. Pertanto, si occupa dell'equilibrio quantitativo tra causa ed effetto, mezzi e fine, atto e conseguenza legale.

---

[133] Questa distinzione è stata fatta anche dall'ESAF nel test per analisti fiscali dell'Agenzia delle entrate federale (2009): "*Per quanto riguarda la delimitazione del contenuto essenziale dei diritti fondamentali, la dottrina è divisa tra teorie assolute e relative. Secondo la teoria relativa, il nucleo essenziale del diritto fondamentale è insormontabile da qualsiasi misura restrittiva, indipendentemente dalle peculiarità che il caso specifico può fornire.* ". Modello: Sbagliato.

[134] DIMOULIS, Dimitri; MARTINS, Leonardo. op. cit.

[135] Figlio, João Trindade. op. cit. , p. 25.

In sintesi: il principio di proporzionalità riguarda la compatibilità quantitativa tra mezzi e fini, ovvero consente di analizzare l'equivalenza quantitativa tra causa ed effetto, mezzi e fine, atto e conseguenza, vietando atti che, nonostante l'uso dei mezzi corretti, abusano della loro quantificazione. Non senza motivo, è anche chiamato "principio del divieto di eccesso". E, nella fortunata formulazione di Jellinek, corrisponde alla massima che "i passeri non vengono abbattuti con il fuoco dei cannoni". D'altra parte, proporzionalità significa non solo la necessità di limitare la restrizione dei diritti fondamentali (proporzionalità in senso negativo), ma anche l'obbligo dello Stato di proteggere efficacemente i beni giuridici più costosi per la società (proporzionalità positiva).

Ingo Wolfgang Sarlet [136] ritiene che l'applicazione del principio di proporzionalità da parte dello Stato comporti un'azione controllata, senza esagerare:

Il principio di proporzionalità significa che lo Stato non deve agire troppo, né insufficientemente, per raggiungere i suoi obiettivi. Le esagerazioni, per eccesso (eccesso) o per difetto (carenza), costituiscono violazioni irrecuperabili del principio.

Il Tribunale federale[137], con il voto favorevole del giudice Gilmar Mendes al processo dell'ADIn 3.112, ha definito il principio di proporzionalità come segue:

I diritti fondamentali non possono essere considerati solo come divieti di intervento (*Eingriffsverbote*), ma anche come postulato di protezione (*Schutzgebote*). Usando l'espressione di Canaris, si può dire che i diritti fondamentali esprimono non solo un divieto di eccesso (*Ubermassverbote*), ma possono anche essere tradotti come divieti di protezione carente o imperativi di tutela (*Untermassverbote*).
(...) tenuto conto del dovere di protezione e del divieto di una protezione carente o insufficiente (*Untermassverbote*), spetterebbe al legislatore stabilire il sistema appropriato di tutela costituzionale-penale.
In molti casi, l'elezione della forma penale può essere contenuta all'interno di quella che viene solitamente definita discrezionalità legislativa, in considerazione degli sviluppi storici, delle circostanze specifiche o delle opzioni legate ad una certa sperimentazione istituzionale. L'ordinamento costituzionale offre al legislatore alcuni margini di manovra per decidere quali misure adottare per un'efficace tutela penale dei beni giuridici fondamentali.
(...) la considerazione dei diritti fondamentali come imperativi di protezione (Canaris) conferisce al principio di proporzionalità una struttura differenziata. L'atto non sarà adeguato quando non proteggerà in modo ottimale il diritto fondamentale; non sarà necessario nell'ipotesi che esistano misure alternative che favoriscano ulteriormente la realizzazione del diritto fondamentale; e violerà il sottoprincipe della proporzionalità in senso stretto se il grado di soddisfazione del fine legislativo è inferiore al grado di non realizzazione del diritto fondamentale di tutela.

---

[136] SARLET, Ingo Wolfgang. op. cit. , p. 47.
[137] CAVALCANTE FILHO, João Trindade. op. cit.

João Trindade Cavalcante Filho [138] , con l'obiettivo di semplificare l'applicazione pratica del principio di proporzionalità, ha creato il seguente questionario:

> **1. La restrizione è adeguata a garantire il rispetto del diritto richiesto?**
> 1.1 **No**: la restrizione è sproporzionata perché viola il sottoprincipe dell'appropriatezza
> 1.2 **Sì**: si supera il prossimo test.
> **2. La restrizione costituisce un mezzo strettamente necessario? È il mezzo meno oneroso per limitare il diritto che è stato violato e garantire il diritto garantito?**
> 2.1 **No**: la restrizione è sproporzionata perché viola il sottoprincipe della necessità.
> 2.2 **Sì**: si supera il prossimo test.
> **3. Il diritto limitato è stato attenuato in misura compatibile con la garanzia data per il diritto assicurato? Esiste un equilibrio tra il vantaggio ottenuto e la restrizione applicata?**
> 3.1 **No**: la restrizione è sproporzionata in quanto viola il sotto principio di ponderazione (proporzionalità in senso stretto).
> 3.2 **Sì**: la restrizione è proporzionata e quindi ammissibile. (l'autore ha aggiunto l'enfasi).

Pertanto, da tutto ciò che è stato qui spiegato, si può dedurre che, perché un diritto fondamentale sia limitato, questa limitazione deve obbedire a certi limiti (teoria dei "limiti dei limiti"), in modo che, anche con la limitazione imposta, si conservi il nucleo essenziale del diritto fondamentale la cui limitazione è stata imposta. Questa limitazione, oltre a rispettare la tutela del nucleo essenziale del diritto fondamentale, deve obbedire al principio di proporzionalità, tenendo conto del caso concreto poi posto in analisi.

---

[138] Ibidem, p. 29.

3 LA LINEA SOTTILE TRA L'ESERCIZIO E L'ABUSO DEL DIRITTO DI DIMOSTRARE E DI INCONTRARE

L'esercizio regolare di un diritto, come sappiamo, non rappresenta, nella tesi, la pratica di un atto illecito, come si può osservare al punto I dell'articolo 188 del Codice Civile brasiliano[139]: "Non costituiscono atti illeciti: quelli praticati in legittima difesa o nel regolare esercizio di un diritto riconosciuto".

Tuttavia, il legislatore nazionale è stato abbastanza enfatico nello stabilire che l'esercizio di un diritto in modo abusivo costituisce un atto illecito, con la tipizzazione illecita che avviene proprio nella parte in cui si configura il superamento dei limiti imposti da finalità economiche o sociali, di buona fede o di consuetudini.

A questo proposito, l'articolo 187 del Codice Civile brasiliano [140]prescrive: "Il titolare di un diritto che, nell'esercizio del medesimo, superi manifestamente i limiti imposti dalla sua finalità economica o sociale, dalla sua buona fede o dalle sue buone maniere commette anche un atto illecito.

Lucas Fucci Amato[141] , quando commenta la dottrina dell'abuso del diritto, è illuminante quando ritrae:

> La dottrina dell'abuso del diritto è l'elaborazione civilista di fine Ottocento e inizio Novecento. Si tratta di limitare l'esercizio del diritto soggettivo (paradigmatico, assoluto della proprietà privata) che supera nettamente l'utilità ottenibile da tale esercizio, raggiungendo la sfera degli interessi giuridicamente protetti dagli altri; nei termini spaziali del paradigma giuridico liberale, per riconoscere sfere giuridiche concentriche a ciascun individuo, la libertà di uno (anche nell'uso, nel godimento e nel godimento della sua proprietà) dovrebbe essere limitata non appena raggiunge la sfera giuridica degli altri. Da qui la disciplina, da un lato, dell'atto di emulazione e, dall'altro, dell'abuso della legge.

Inoltre, è imperativo affermare, per quanto riguarda l'abuso di un diritto, per quanto riguarda il Codice civile[142] brasiliano, che tale statuto normativo ha portato anche al comma 2, del suo articolo 1.228: "Gli atti che non portano al proprietario alcun conforto o utilità, e sono animati dall'intenzione di nuocere ad altri, sono sconfitti".

---

[139] BRASILE. **Legge 10 gennaio 2002, n. 10.406**. Crea il Codice Civile. Disponibile all'indirizzo: http://www.planalto.gov.br/ccivil_03/leis/2002/l10406.htm. Accesso: 12. dicembre 2019, p. 20.
[140] Ibidem, p. 20.
[141] AMATO, Lucas Fucci. Abuso dei diritti fondamentali, del pluralismo culturale e dei criteri di parità di trattamento. **Revista Observatório da Jurisdição Constitucional**. Brasília, 6° anno, v. 2, lug./dec., 2013. p. 56.
[142] BRASILE. 2002, op. cit.

E' chiarissima l'intenzione del legislatore della patria di punire chi, sotto il manto dell'esercizio di un diritto, va oltre i limiti, invadendo la sfera giuridica altrui.

Lucas Fucci Amato [143] spiega che la questione dell'abuso della legge è andata oltre il diritto civile, essendo presente in altri settori, compreso il diritto pubblico:

> Tale elaborazione civilistica ha superato i blocchi dei problemi giuridici civili e commerciali e si è diffusa al di là della tradizione francese o eurocontinentale, con una presenza crescente nelle giurisdizioni di *common law*. Infatti, l'abuso di diritto può verificarsi in qualsiasi quadrante dell'ordinamento giuridico, come nel campo della concorrenza (abuso di potere economico) e nel diritto societario e del lavoro (la questione dell'inosservanza della personalità giuridica per l'abuso o l'esercizio irregolare di tale diritto - alla personalità giuridica stessa); nel diritto penale, l'habeas corpus è il rimedio procedurale contro l'abuso di potere; l'atto di mandato è il processo costituzionale utilizzabile contro l'abuso di potere economico o nell'esercizio della funzione perpetrato da un agente nell'esercizio della funzione del potere pubblico. Una delle manifestazioni dell'espansione dell'abuso di diritto nei vari settori giuridici è la teorizzazione dell'abuso di posizioni procedurali o "abuso di processo". Così, "la struttura e la sistematizzazione del concetto di contenzioso in malafede e di mala fede procedurale si basa sull'abuso del diritto materiale, in modo che i motivi e le conseguenze siano gli stessi. Gli atti procedurali, tradotti in situazioni giuridiche processuali - che costituiscono l'oggetto stesso dell'abuso -, danno luogo di norma all'abuso di diritto, e non all'atto illecito, portando quindi i tre presupposti della configurazione dell'abuso: 1) l'apparenza di legalità; 2) lo scostamento di finalità; 3) l'esercizio di una situazione giuridica soggettiva (potere, dovere, onere o facoltà).

Va notato che la questione dell'abuso della legge è fortemente ripudiata anche in ambito giuridico internazionale. Un esempio è la Convenzione americana sui diritti umani o il Patto di San José del Costa Rica del 1969, interiorizzato con il decreto n. 678 del 6 novembre 1992[144]:

A questo proposito, è curioso notare che l'articolo 29 della Convenzione americana dei diritti dell'uomo[145], nel presentare le regole di interpretazione, chiarisce che nessuna disposizione di tale strumento può essere interpretata con l'intento di

---

[143] AMATO, Lucas Fucci. op. cit.
[144] BRASILE. **Decreto** n. **678 del 6 novembre 1992**. Disponibile all'indirizzo: http://www.planalto.gov.br/ccivil_03/decreto/D0678.htm. Accesso: 12. dicembre 2019, pag. 9.
[145] ARTICOLO 29. Regole di interpretazione
Nulla nella presente Convenzione può essere interpretato nel senso che
a) consentire a qualsiasi Stato Parte, gruppo o persona di sopprimere il godimento e l'esercizio dei diritti e delle libertà riconosciuti nella Convenzione o di limitarli in misura maggiore di quanto ivi previsto;
(b) limitare il godimento e l'esercizio di qualsiasi diritto o libertà che possa essere riconosciuto in base alle leggi di qualsiasi Stato Parte o in base ad un'altra Convenzione di cui uno di questi Stati è Parte;
c) escludere altri diritti e garanzie che sono inerenti all'essere umano o che derivano dalla forma rappresentativa democratica di governo; e
(d) escludere o limitare l'effetto che la Dichiarazione americana dei diritti e dei doveri dell'uomo e altri atti internazionali della stessa natura possono avere.

sopprimere il godimento o l'esercizio dei diritti qui previsti, né saranno accettate limitazioni o esclusioni di garanzie. In altre parole, all'applicatore del diritto non sarà consentito sovvertire il senso normativo, mirando alla pratica di atti non supportati dalla legge in voga.

Gli articoli 30[146] e 32[147] della Convenzione americana dei diritti dell'uomo prevedono anche la portata delle restrizioni, prevedendo che esse non possono essere applicate se non sono conformi alla legge, per ragioni di interesse generale e in conformità con lo scopo per il quale sono state stabilite, così come che le limitazioni esistenti nei diritti di una persona, trova come quadro di riferimento, i diritti di terzi, essendo vincolati dal bene comune, e qualsiasi atto che contraddice queste linee guida, anche se praticato sotto gli auspici di questa convenzione, può essere considerato un abuso di un atto diretto, e quindi, un atto illegale.

Questa volta si può giungere a comprendere che i suddetti dispositivi sono abbastanza oggettivi nel delucidare la possibilità di relativizzare i diritti fondamentali previsti dalla Convenzione americana dei diritti dell'uomo, imponendo però dei limiti a questa relativizzazione, pena la pena di non sovvertire l'istituto.

Pertanto, anche il documento normativo internazionale in questione è abbastanza lungimirante nel consentire di concludere che non esistono diritti fondamentali assoluti.

Nell'affrontare le suddette disposizioni, poi previste dalla Convenzione americana sui diritti umani, nonché la loro internalizzazione nel diritto nazionale, Lucas Fucci Amato [148]commenta:

> Le norme portate dal testo della Convenzione americana dei diritti dell'uomo vanno nella direzione della relatività dei diritti umani in essa elencati, uno dei pilastri della dottrina dell'abuso dei diritti; esse stabiliscono anche linee guida ermeneutiche che escludono l'invocazione dei diritti umani riconosciuti dalla Convenzione quando tale invocazione potrebbe portare a una diminuzione del regime di protezione generale dei diritti umani. In questo senso, data l'internazionalizzazione del diritto internazionale dei diritti umani nell'ordinamento giuridico nazionale, la dottrina costituzionale brasiliana ha

---

[146] ARTICOLO 30. Ambito di applicazione delle restrizioni
Le restrizioni consentite dalla presente Convenzione al godimento e all'esercizio dei diritti e delle libertà in essa riconosciuti possono essere applicate solo in conformità alle leggi promulgate nell'interesse generale e per lo scopo per il quale sono state stabilite.
[147] ARTICOLO 32. Correlazione tra diritti e doveri
1. ognuno ha dei doveri verso la famiglia, la comunità e l'umanità.
2. 2. I diritti di ogni persona sono limitati dai diritti degli altri, dalla sicurezza di tutti e dalle giuste esigenze del bene comune in una società democratica.
[148] AMATO, Lucas Fucci, op. cit.

riconosciuto il principio del divieto di abuso dei diritti come implicito nell'elenco dei diritti fondamentali e delle garanzie, oltre a segnalare il riconoscimento di questo principio (spesso per via implicita, dell'argomentazione che tale principio si basa) nella giurisprudenza nazionale, compresa quella dei tribunali superiori. Un altro modo di riconoscere l'abuso di diritti in ambito costituzionale è quello di teorizzare l'abuso di principi, una volta riconosciuta la prevalenza di norme di tipo strutturale di tipo principiologico delle norme sui diritti fondamentali, o anche l'argomentazione principiologica che i casi di diritti fondamentali spesso sollevano.

Un punto di partenza fondamentale per prevenire l'abuso di un diritto è il riconoscimento che anche un terzo detiene un diritto e che l'estrapolazione dei limiti legali relativi al suo esercizio, alla luce della proporzionalità, può finire per qualificare come illecito un atto inizialmente lecito. La linea che separa l'esercizio regolare di un diritto dal suo effettivo abuso è piuttosto tenue.

È noto che quando le persone si incontrano in luoghi pubblici o privati, per un certo scopo, sono lì sostenute dalla Costituzione federale, che garantisce a tutti l'esercizio di tali diritti, ora elevati dal testo costituzionale come fondamentali. Tuttavia, come già commentato in questa ricerca, non esistono diritti fondamentali assoluti. Pertanto, i diritti di manifestazione e di assemblea non possono essere esercitati indiscriminatamente, senza limiti.

Nel commentare un caso specifico in cui i movimenti studenteschi hanno occupato i posti in cui si sarebbe tenuto l'esame nazionale di liceo (ENEM) nel 2016, impedendo a 270.000 studenti di sostenere gli esami, e implicando nuove spese per il governo federale, che ha dovuto riprogrammare la data dell'esame, Ana Paula Oliveira Ávila[149] ha sottolineato che:

> Dopo l'ultimo fine settimana, le agenzie di stampa hanno riferito che circa 270.000 studenti non hanno potuto partecipare all'ENEM a causa dell'occupazione da parte dei movimenti studenteschi di 405 scuole in tutto il paese. Invece di determinare l'evacuazione forzata dei siti per i test, il governo ha pensato che fosse meglio che il Ministero della Pubblica Istruzione si facesse carico dei costi di tutta la nuova logistica per organizzare un secondo esame, in una nuova data, per questo gruppo danneggiato. L'episodio aveva provocato una tensione tra l'esercizio del diritto fondamentale alla libertà di espressione (e di riunione) e i suoi limiti, cosa non sempre facile da equiparare. In effetti, la libertà di espressione è uno dei diritti più impegnativi quando si tratta di stabilire i confini tra l'uso e l'abuso dei diritti.
> Al centro della questione ci sono le manifestazioni sociali, veicoli che esteriorizzano diversi diritti fondamentali, in particolare la libertà di

---

[149] ÁVILA, Ana Paula Oliveira. **Manifestazioni sociali e professioni scolastiche: diritto di riunione o abuso della legge?** 2016. Disponibile all'indirizzo: http://www.direitodoestado.com.br/colunistas/Ana-Paula-Oliveira-Avila/manifestacoes-sociais-e-ocupacoes-de-escolas-direito-de-reuniao-ou-abuso-de-direito. Accesso: 17. dicembre 2019 , p. 1.

espressione, di riunione e di partecipazione democratica, e sono canali rilevanti che esprimono il desiderio di trasformazioni nella sfera sociale, politica ed economica del Paese. Si tratta di diritti sanciti dall'articolo 5, comma IV (*la manifestazione del pensiero è libera e l'anonimato è vietato*), e XVI (*tutti possono riunirsi pacificamente, senza armi, in luoghi aperti al pubblico, indipendentemente dall'autorizzazione, purché non vanifichino un'altra riunione precedentemente convocata nello stesso luogo, previa comunicazione all'autorità competente*), della Costituzione federale del 1988. In generale, i movimenti sociali sono definiti dall'azione di gruppi che cercano di esprimere il loro desiderio di superare una qualche forma di oppressione e di produrre una società più giusta, attraverso atti che vanno da mobilitazioni, marce, concentrazioni e marce a disordini dell'ordine pubblico e atti di disobbedienza civile. Il legame tra i manifestanti è nell'aspettativa comune di un cambiamento nelle strutture sociali, politiche e istituzionali.
[...]
C'è un consenso sul fatto che tali libertà sono di fondamentale importanza per lo sviluppo e il consolidamento della democrazia. La giurisprudenza della FST ha già riconosciuto uno stretto legame tra la libertà di riunione e il principio democratico, come se il diritto di riunione incarnasse il potere stesso del popolo, oltre alla libertà di espressione.

La posizione adottata dal governo federale in questo caso, rispettando il diritto di manifestazione e di riunione dei manifestanti, ha finito per danneggiare il bilancio pubblico, dovendo sostenere i costi per lo svolgimento di nuove prove, ed ha impedito che 270.000 studenti non potessero sostenere le prove.

In un altro caso simile, che ha comportato anche l'occupazione di edifici pubblici da parte degli studenti, un ritardo nel calendario accademico e una perdita per il tesoro di circa otto milioni di euro, Marcel Reis Monroe [150]spiega che:

Tema di riconosciuta attualità, le occupazioni - come vengono chiamate - promosse da movimenti indipendenti "apartitici" - e coordinate, è noto, da enti studenteschi controllati da partiti politici - provocheranno ancora episodi spaventosi.
Almeno per quanto possiamo vedere, l'ordine del giorno dei movimenti consiste nel rifiuto completo del PEC 241 (PEC 55, al Senato), del PLS 193/2016 (Programma scolastico senza partito) e del MP 746/2016, che ha promosso la cosiddetta riforma del liceo. Come strategia per "farsi sentire", gli studenti hanno deciso di occupare le scuole pubbliche per un periodo di tempo indefinito e di impedirne il regolare funzionamento, anche se questo (non) provvedimento causa gravi danni al calendario scolastico, al rendimento nell'Esame Nazionale delle Scuole Superiori, all'ENEM, e anche danni di 8 milioni di R$ alle casse pubbliche. A pensarci bene, gli 8 milioni di R$ saranno contabilizzati dai leader delle occupazioni come un "investimento" risultante dalle manifestazioni.
L'epidemia di occupazione minaccia di estendersi all'istruzione superiore. Giovedì scorso (27), presso il Campus UFMA, a Bacanga, gli edifici del COLUN, dove si sviluppano le attività per le scuole superiori, e del CCH, per i corsi di istruzione superiore nell'area umanistica, sono state tappe di nuove occupazioni svolte da movimenti che si suppone condividano l'"agenda

[150] MONROE, Marcel Reis. **La legge ha un limite. Pazienza, anche.** 2016. Disponibile all'indirizzo: https://jus.com.br/artigos/53373/direito-tem-limite-paciencia-tambem. Accesso: 20. dicembre 2019 , p. 1.

nazionale". In quest'ultimo caso, un conflitto tra un insegnante ha impedito a un insegnante di raggiungere la classe e gli studenti di barricare il corridoio di accesso, con conseguenti lamentele della polizia da entrambe le parti.

Il mantra cantato da tutti i ribelli si riduce a "lottare per avere più risorse per l'istruzione". Questo, tuttavia, sebbene la fragile retorica non resista a semplici ragionamenti sull'attuale situazione economica e finanziaria del Paese, non giustifica gli eccessi voluti e praticati dagli idealizzatori dei movimenti. Esprimersi, politicamente o meno, senza ombra di dubbio, è un diritto legittimo, costituzionalmente riconosciuto (art. 5, IV e XVI) e incitato alla democrazia. Senza libertà di espressione e di associazione, ciò che abbiamo è la democrazia fajuta, così come viene percepita in Venezuela. L'errore degli studenti è quello di ignorare che il diritto di dimostrare, come tutti gli altri diritti previsti dalla Costituzione, è limitato. E il limite ci sembra chiaro: è il diritto degli altri.

L'esempio di cui sopra sarebbe l'abuso di un diritto da parte dei dimostranti?

Ebbene, alla luce della teoria "socialmente accettabile", come già spiegato in un precedente argomento, i benefici dell'atto sarebbero maggiori delle sue perdite, poiché si rifletterebbero sull'intera comunità studentesca. Pertanto, per questa teoria sarebbe perfettamente accettabile il comportamento adottato dal Governo Federale, che giustifica il non utilizzo della forza di polizia, con il supporto dei poteri di polizia e dell'autoesecuzione, ormai inerenti all'amministrazione, per la soppressione del movimento.

Il ministro Celso de Melo[151] , considerando l'ADPF 187, ha chiarito che

> La polizia non ha il diritto di intervenire in incontri pacifici e leciti in cui non vi siano danni o perturbazioni dell'ordine pubblico. Non possono proibirli o limitarli. Hanno solo la facoltà di controllarli, di garantire anche la loro stessa realizzazione. Ciò che supera tali poteri, più che illegale, sarà incostituzionale.

Non c'è dubbio che l'intervento della polizia nelle manifestazioni popolari debba sempre essere visto come un'eccezione. Tuttavia, dobbiamo affermare che non è perché si tratta di una questione di dimostrazione e di libertà di riunione che non ci può essere abuso in tali pratiche, perché l'abuso può risiedere proprio nell'esercizio di questi diritti.

Ana Paula Oliveira Ávila [152] , nell'affrontare l'argomento in questione, commentando la suddetta citazione, redatta dal ministro Celso de Melo, assevera:

> Ok, devi essere completamente d'accordo con il Ministro. Ma cosa succede se l'eccesso è nell'esercizio stesso della libertà di riunione? Veniamo ai fatti concreti, e prima di tutto una parentesi: non prendo posizione qui sui meriti di

---

[151] STF. 2011, op. cit.
[152] ÁVILA, Ana Paula Oliveira. op. cit.

queste manifestazioni nelle scuole (le richieste vanno dalla riforma dell'istruzione e dal PEC 241 a "Fearless"), anche se mi sembrano permeate da disinformazione e fallacie apocalittiche. La proposta è di mettere in discussione la mancanza di limiti con cui la questione viene condotta dalle autorità governative. Il MEC non determina l'evacuazione delle scuole ed è costretto a programmare un nuovo esame nazionale per non danneggiare i candidati che potrebbero essere esclusi dall'occupazione al limite dell'assurdo. La raccomandazione dell'Ufficio del Mediatore al MEC di astenersi dall'identificare i responsabili delle occupazioni, quando il Comitato stesso vieta l'anonimato proteggendo la libertà di espressione, apre la porta alla collusione istituzionale con l'arbitrarietà che deriva da queste occupazioni. Con tutta l'importanza che le manifestazioni sociali hanno per la democrazia e la libertà di espressione, la legittimità di questo particolare movimento, alla luce della CF/88, può e deve essere messa in discussione.

Gli studenti responsabili dell'occupazione delle scuole si sono impossessati di beni pubblici destinati ad una specifica destinazione, che è la realizzazione del diritto fondamentale all'istruzione. Lo spazio fisico di una scuola non rientra in alcun modo nella nozione di "luogo aperto al pubblico" prevista dall'inc. XVI dell'art. 5. Anche se la scuola è pubblica, il suo spazio è destinato ad essere utilizzato da studenti e insegnanti per lo sviluppo di attività didattiche, e nessuno in coscienza vuole che i propri figli frequentino scuole aperte al pubblico, accessibili quindi a tutti coloro che vogliono entrarvi e rimanervi senza un motivo specifico. Inoltre, l'occupazione è indebita perché frustra "un altro incontro precedentemente convocato", che inquadra facilmente il calendario accademico delle classi (che in precedenza si chiamavano anche "incontri" che legano i partecipanti intorno alle aspettative comuni - perché no?) E' anche indebito perché frustra la libertà fondamentale di andare e venire prevista dall'inc. XV, degli studenti e degli insegnanti che non possono accedere alla scuola per raggiungere l'obiettivo che è la loro stessa ragion d'essere: la realizzazione del diritto fondamentale all'educazione.

Questa volta la magistratura ha fatto la sua parte, concedendo ordini di sgombero delle scuole. L'Esecutivo, tuttavia, senza successo nelle trattative, ha scelto di non eseguirle con la forza per ripristinare l'ordine, su raccomandazione della stessa DPU. Nel grande contesto, viviamo in tempi di democrazia indebolita dove nessuno vuole apparire oppressivo: da un lato, Michel Fears pattina su una sottile lastra di ghiaccio e l'ultima cosa che gli andrebbe bene sarebbe la repressione di questi giovani manifestanti. Dall'altro, nessuno ai vertici del governo vuole che i media bombardino la popolazione con scene di violenza della polizia su studenti poveri che si limitano a manifestare per il miglioramento delle condizioni educative. Così, sono gli studenti-occupanti che mantengono l'ordine - il loro ordine - imponendolo al resto del paese. A pensarci bene, non c'è da stupirsi che abbiamo ottenuto un punteggio così buono su tutti gli indicatori dell'istruzione.

Dal testo trascritto sopra, è facile individuare, secondo il punto di vista dell'autore, che l'esercizio dei diritti di manifestazione e di riunione in questo caso in testilha, configurava un chiaro abuso di diritto. Questo perché ha offeso una serie di altre prerogative, anch'esse tutelate dal testo costituzionale, in particolare l'accesso all'istruzione, l'offesa alla destra e l'andirivieni, tra le altre.

Per quanto riguarda gli eccessi commessi in relazione al diritto di dimostrare, Marcel Reis Monroe[153], sottolineando che anche questo ha dei limiti, rifiutando l'indebita occupazione di edifici pubblici, lo afferma:

> Noi brasiliani, almeno nella tesi, viviamo in uno Stato di diritto, dove tutti hanno diritti che sono dichiarati e riconosciuti dallo Stato, e che possiamo esercitare contro tutti, compresi gli studenti. In una norma di legge, i diritti di uno o di alcuni non annullano o rendono inefficaci quelli degli altri. È necessario che i diritti coesistano e coesistano allo stesso livello. Il loro diritto di dimostrare non è migliore di quello di chiunque altro, nemmeno di contestarli.
>
> Inoltre, occupare edifici pubblici illegalmente non è un diritto di nessuno. Articolare per presentare proposte legislative e influenzare, secondo la legge, le decisioni politiche, sì.
>
> Ecco perché la Costituzione del Brasile informa gli studenti che, oltre ad essere fondata sul diritto, lo Stato brasiliano è anche democratico, cioè le leggi che regolano i rapporti dello Stato con i cittadini, e tra di loro, sono il frutto di un processo politico-legislativo guidato da rappresentanti del popolo. Ora, se il popolo partecipa al processo di elaborazione delle leggi, perché gli studenti non si esprimono per influenzare i rappresentanti del potere popolare? È molto complicato, lo so. Non ci sono molti giovani disposti a salire su un rostro e a cercare di convincere qualcuno con la parola. È molto più facile unirsi ad accademici di dubbia integrità intellettuale, agire come una massa di manovre e occupare scuole pubbliche e università. È una patata! E nessuno può farci niente.
>
> Esatto, signor Reader. Chiedere coerenza e ragionevolezza sarebbe chiedere troppo ai giovani di 12, 13, 14 e 20 anni, naturalmente. Ed è per questo che la Costituzione stessa ha dei meccanismi per difendere se stessa e anche i cittadini - compresi gli assolutamente incapaci. Come ha giustamente affermato il Ministro della FST, Marco Aurélio Mello, "la Corte Suprema è l'ultima trincea della cittadinanza", e anche se le proposte legislative sono contestate, la magistratura sarà l'ultima parola.
>
> Ma come spiegare questo ai giovani di un paese dove, secondo uno studio condotto dall'IPM (Instituto Paulo Montenegro) e dall'ONG Ação Educativa, il 38% degli studenti universitari è analfabeta dal punto di vista funzionale e solo l'8% degli abitanti sa leggere e capire un semplice testo ed esprimersi attraverso lettere e numeri?

Non c'è dubbio che i manifestanti avrebbero potuto scegliere una piazza pubblica o un altro luogo che non ha influito sull'esercizio del diritto di altri terzi di esprimere i loro sentimenti.

Pertanto, nei casi in questione, in cui alcune persone si sono riunite, occupando scuole ed edifici pubblici, sotto il manto della difesa dell'educazione, pregiudicando gravemente l'esercizio di altri diritti anche costituzionalmente garantiti, da migliaia di altri studenti, l'abuso di un diritto rimane configurato. Poiché sarebbe possibile esercitare tale diritto di dimostrare senza che sia necessario ottenere i diritti di un terzo.

---

[153] MONROE, Marcel Reis. op. cit.

Inoltre, non è raro incontrare scene di manifestazioni pubbliche, in cui persone che si avvalgono delle prerogative fondamentali sancite dalla nostra attuale Carta costituzionale, per quanto riguarda l'esercizio dei diritti di manifestazione e di riunione, depredano beni pubblici e privati.

Jeferson Botelho Pereira[154] , parlando degli atti di vandalismo che hanno avuto luogo durante la Confederations Cup in Brasile, la celebrazione dell'indipendenza del Brasile - 7 settembre 2013, la Coppa del Mondo in Brasile nel 2014 e altri movimenti sociali di strada, che hanno portato al saccheggio della proprietà pubblica e privata, rendendo necessario l'intervento delle forze dell'ordine, in contrasto con il diritto di dimostrare, visti gli eccessi, che registra:

> Le recenti manifestazioni sentite su tutto il territorio nazionale in occasione della Confederations Cup, delle Celebrazioni di settembre 2013 e dei Mondiali di calcio del 2014, le manifestazioni dei tifosi delle società calcistiche, e più recentemente i legittimi movimenti sociali di strada, sono sempre stati e sempre saranno temi di profonda riflessione in una società democratica e di profonda analisi provenienti dalla nuova democrazia e dai nuovi diritti fondamentali.
> Nonostante il sacro diritto garantito dalla nostra Magna Carta, all'articolo 5, XVI, gli incidenti derivanti dalle manifestazioni hanno purtroppo portato effetti dannosi, in quanto gruppi esaltati, con l'esclusivo intento di depredare, hanno generato danni, in senso lato, di ogni natura.
> Occorre comprendere che la Polizia deve esistere come strumento di realizzazione dei diritti, di pacificazione sociale, di rispetto e di rispetto, vitale per lo Stato di diritto democratico, ma sempre come strada a doppio senso, necessaria e indispensabile per stabilire un umanesimo laico, basato sulla ragione, sul rispetto, sull'etica e sulla giustizia.
> Così la Polizia, primo giudice naturale della causa, una delle istituzioni più importanti per il modello che oggi viene difeso, umanesimo e manto protettivo di una società priva di tutto, sempre attenta ai fatti sociali e criminali avvenuti all'interno dello Stato, mirando al miglior servizio alla popolazione, sempre sulla base delle norme contenute nel quadro giuridico, e quindi, sempre proiettando la propria azione nella prevenzione e repressione dei comportamenti dannosi per la collettività.
> E così, ha guidato le sue azioni e le ha proiettate sulla tipizzazione più generica e verificabile derivante da atti di vandalismo per offrire una risposta migliore alla società, quando si tratta di crimini commessi in questo contesto, mirando, attraverso una via obliqua, a ristabilire la pace e ad assicurare l'esercizio della pacifica dimostrazione/incontro, costituzionalmente garantita, senza gli spiacevoli incidenti che danneggiano i beni legali protetti nel nostro quadro giuridico. [...]
> E in questo contesto di inevitabile insoddisfazione, la popolazione è sollecitata a manifestare la sua non conformità con lo scenario politico attuale, frutto delle libertà di espressione, di pensiero e di riunione, garantite, rispettivamente, dall'articolo 5, clausole IV e XVI della Magna Carta e dall'articolo 13 della Convenzione Interamericana dei Diritti Umani, e lì la gente dimostrerà nelle

---

[154] PEREIRA, Jeferson Botelho. **La cultura dell'intolleranza sociale alla corruzione e i desmandos politici:** limiti e tipicità delle azioni dei vandali. 2017. Disponibile su: https://jus.com.br/artigos/58973/a-cultura-da-intolerancia-social-a-corrupcao-e-aos-desmandos-politicos. Accesso: 20. dicembre 2019, p. 1.

strade e nei viali della città, Quando all'improvviso, in mezzo ai movimenti sociali, compaiono gli informatori della prontezza, preparando rivolte e atti di terrorismo volti a rompere l'ordine pubblico, nasce per lo Stato di polizia la necessità di fermare la violenza e di restituire la pace alla popolazione ordinata, e nascono gli inevitabili scontri tra i sovversivi estremisti e le forze ortodosse, che possono colpire persone innocenti che sono lì pacificamente al lavoro o che partecipano ordinatamente ai momenti sociali.

Hyago de Souza Otto [155], commentando gli atti di vandalismo commessi nelle manifestazioni, mette in evidenza l'apparente conflitto tra tali istituti ora tutelati dalla Costituzione federale, così come chiarisce la necessaria punizione per gli eccessi, per aver caratterizzato l'abuso di un diritto:

> È essenziale che uno Stato democratico governato dallo Stato di diritto garantisca ai cittadini il diritto di esprimersi liberamente, di incontrarsi e di manifestare.
> Tuttavia, nessun diritto è assoluto; in fondo, ogni diritto dà luogo a un dovere: il diritto alla libertà di espressione genera per il terzo il dovere di accettare le opinioni negative, anche se non è d'accordo con esse.
> Non si tratta di relativizzare tutto, ma la vita nella società richiede buon senso.
> I diritti fondamentali sono sempre in rotta di collisione. In questi casi è necessario applicare la tecnica della ponderazione.
> Così, i diritti sono soppesati; l'uno si distingue dall'altro, ma non lo revoca mai. Idealmente, il nucleo intangibile di tutti i diritti dovrebbe essere rispettato, ma alla fine ci sarà una riduzione di uno a favore dell'altro.

Più avanti, continua[156] Hyago de Souza Otto, parlando del saccheggio di una proprietà, pubblica o privata, non costituisce un diritto di nessuno; al contrario, è un crimine, e il diritto alla proprietà ha lo stesso valore del diritto di dimostrare. Vediamo un po':

> L'abuso di diritto caratterizza un atto illecito, nella forma dell'art. 187 del Codice Civile.
> Non è un compito facile caratterizzare l'abuso di diritto; di norma, l'eccesso può essere verificato solo nel caso specifico.
> È vero, tuttavia, che la depredazione della proprietà pubblica e privata non è un diritto. Né la depredazione è inclusa nei diritti di manifestazione o di libertà di espressione.
> L'elettore, inoltre, è stato estremamente scrupoloso nell'esigere l'ovvio: il diritto di manifestare deve avvenire *"pacificamente, senza armi"* (art. 5 CF, comma XVI).
> E non potrebbe essere altrimenti: non si può chiamare *"libertà"*, né *"diritto"*, l'atto che offende direttamente e sostanzialmente un diritto altrui.

---

[155] OTTO, Hyago de Souza. **Il diritto di dimostrare e deportare**. 2016. Disponibile all'indirizzo: https://hyagootto.jusbrasil.com.br/artigos/380700908/o-direito-a-manifestacao-e-a-depredacao. Accesso: 19. dicembre 2019, p. 3.
[156] Ibidem, pag. 3.

Lo stesso articolo 5 che assicura tali diritti stabilisce, al comma XXII, che *"il diritto di proprietà è garantito"*.

La proprietà è quindi rilevante quanto il diritto alla libertà di espressione e il diritto di dimostrare, poiché non esiste una gerarchia di principi e/o diritti costituzionali *in astratto,* poiché, come detto, la prevalenza può essere verificata solo *in concreto,* dopo l'uso della tecnica della ponderazione.

Tanto che il Codice penale chiarisce che è un reato *"distruggere, rendere inutile o deteriorare tutto ciò che non è vostro"* (art. 163 della Costituzione).

Non è solo una questione di efficacia verticale del meccanismo costituzionale che sancisce il diritto di proprietà. È anche responsabilità dei cittadini rispettare i diritti di terzi (*efficacia orizzontale dei diritti fondamentali*).

Il diritto di dimostrare non è un diritto di depredazione, non è un canale per la commissione di attività illecite. È ovvio, è noto, ma per le persone ignoranti e malintenzionate l'ovvietà deve essere spiegata a fondo

L'atto di vandalismo, anche se praticato in un contesto di presunto esercizio del diritto di manifestare e di riunirsi, non può servire da scudo per proteggere i criminali, che devono essere ritenuti responsabili degli eccessi. Per quanto riguarda il reato di danno, il Codice penale[157], all'art. 163[158], criminalizza la condotta di chi distrugge, rende inutile o deteriora qualcosa che non gli appartiene, attribuendo, anche circostanze qualificanti, quando il fatto è commesso con violenza o minaccia grave, uso di sostanze infiammabili, contro la proprietà pubblica e per motivi egoistici.

Nel commentare il reato di lesioni, poi tipizzato nel codice penale brasiliano, Ana Rosa Klinke lo [159]sottolinea:

> Ma non vi sarà alcun reato di danno se non vi è una lesione significativa alla proprietà legale altrui, e la criminalità dovrebbe essere esclusa dall'applicazione del principio di irrilevanza. L'unico comma dell'articolo 163, invece, stabilisce una tipologia qualificata se il reato è commesso:
> a) con violenza alla persona o minaccia grave;
> b) l'uso di una sostanza infiammabile o esplosiva, se il fatto non costituisce un reato più grave;

---

[157] BRASILE. **Decreto legge 7 dicembre 1940, n. 2.848.** Codice penale. Disponibile all'indirizzo: http://www.planalto.gov.br/ccivil_03/decreto-lei/del2848compilado.htm. Accesso: 17. dicembre 2019 , p. 41.

[158] Art. 163 - Distruggere, rendere inutile o deteriorare qualcos'altro:
Sentenza - detenzione, da uno a sei mesi, o multa.
Danni qualificati
Singolo paragrafo - Se il reato è stato commesso:
I - con violenza alla persona o minaccia grave;
II - con l'uso di sostanze infiammabili o esplosive, se il fatto non costituisce un reato più grave
III - contro il patrimonio dell'Unione, dello Stato, del Distretto Federale, del Comune o di un'autorità, di una fondazione pubblica, di una società pubblica, di una società a economia mista o di una società concessionaria di servizi pubblici; (formulazione data dalla legge n. 13.531, del 2017)
IV - per motivi egoistici o con notevoli danni alla vittima:
Condanna - detenzione, da sei mesi a tre anni, e una multa, oltre alla pena corrispondente alla violenza.

[159] KLINKE, Ana Rosa. **Diritti e doveri nelle manifestazioni pubbliche.** Disponibile su: https://jus.com.br/artigos/58484/direitos-e-deveres-em-manifestacoes-publicas/2. Accesso: 17. dicembre 2019 , p. 2.

c) contro il patrimonio dell'Unione, dello Stato, del Comune, della società di servizi pubblici o della società ad economia mista;
D) per motivi egoistici o con notevole pregiudizio per la vittima.
La pena è la reclusione, da sei mesi a tre anni, e una multa, oltre alla pena corrispondente alla violenza.
L'oggetto specifico della tutela penale, in analogia al reato di danno, è l'interesse pubblico unito alla tutela del patrimonio mobiliare o immobiliare, che viene offeso da un fatto che sopprime o diminuisce l'occupazione o il prezzo della cosa altrui. L'oggetto giuridico del reato è la proprietà o il possesso, poiché il termine "terzo" di cui all'articolo 163 indica sia la proprietà di un altro che il possesso di un terzo, non imbarazzante che il titolare possa commettere il reato di danno, sia ledere il diritto di proprietà di un terzo, cioè il possesso indiretto che la vittima tiene sulla cosa, a differenza di quanto avviene nel furto.
Il soggetto attivo è colui che distrugge, disabilita o deteriora la cosa degli altri. Il soggetto passivo è il proprietario o il proprietario dell'oggetto danneggiato, o chi possiede il bene. Il danno può essere un crimine di commissività come omissione, quando si lascia qualcosa, beh, che viene danneggiato, esposto alle intemperie.
Si osserva che il nucleo verbale del crimine è quello di distruggere, rendere inutile o deteriorare qualsiasi altra cosa. Distruggere è disfare, smontare, demolire, demolire, sterminare. Rendere inutile è rendere inutile, sterile, non redditizio. Deprezzarsi significa alterare, adulterare, rovinare, rovinare.

Così, in considerazione della tipizzazione giuridica contenuta nell'articolo 163 del Codice penale, una volta che il danno di qualcos'altro è stato fatto, anche nelle dimostrazioni, l'abuso del diritto rimane per configurato. Con ciò, i trasgressori devono essere ritenuti responsabili per i loro atti che contravvengono alle norme esplicite dell'ordinamento giuridico del paese.

L'esercizio di un diritto non può giustificare la mera necessità di offenderne un altro al punto da giustificare un'eventuale impunità. Non è tollerabile dalla legislazione nazionale che i dimostranti, difendendo un certo punto di vista, depredino, danneggino o rendano inutili i beni, sia pubblici che privati.

Gli atti descritti devono essere visti come vandalismo, poiché l'intenzione del legislatore, nell'assicurare i diritti di libertà di manifestazione e di riunione nella Carta, lo ha fatto nel rispetto dello spirito democratico, e le azioni di vandalismo non hanno alcun rapporto logico con la democrazia.

Un altro fatto curioso riguarda il portale di notizie Terra[160], che riportava un movimento femminista, in cui le donne nude protestavano a favore del diritto alla libertà delle donne. Vediamo le notizie:

---

[160] TERRA. SP: la **protesta femminista impicca la donna nuda sotto il viadotto del tè**. [n.d.]. Disponibile all'indirizzo: https://www.terra.com.br/noticias/brasil/cidades/sp-protesto-feminista-pendura-mulher-nua-sob-o-viaduto-do-cha,3664453b48835410VgnVCM10000098cceb0aRCRD.html. Accesso: 19. dicembre 2019, p.1.

Il movimento femminista Bastardxs ha tenuto una protesta a favore dei diritti e della libertà delle donne sotto il viadotto del Tea nel centro di San Paolo questa domenica. L'attivista Sara Winter si è spogliata ed è stata sospesa da ganci sulla schiena in un atto chiamato "La donna non è un pezzo di carne".

Sulla stessa linea, il sito[161] Hypeness news ha anche riportato un evento a Cleveland (USA) quando il fotografo Spencer Tunick ha riunito migliaia di donne per posare nude in un luogo aperto al pubblico, contro l'allora candidatura di Donald Trump alla presidenza degli Stati Uniti d'America. Vediamo un po':

> È con il futuro di sua figlia in mente che il fotografo **Spencer Tunick ha** pianificato il suo prossimo progetto: riunire un centinaio di donne a posare nude a Cleveland davanti alla convention del Partito Repubblicano - che annuncerà ufficialmente la candidatura di Donald Trump alla presidenza degli Stati Uniti. *"[il progetto] è per mia figlia e per il suo futuro, quindi non crescerà in una società piena di odio, con meno violenza contro le donne e pari opportunità"*, dice, riferendosi al discorso caricaturale e misogino di odio del candidato repubblicano.
> Intitolato, in inglese, "Everything she says means everything everything", il progetto ha avuto un enorme sostegno - più di 1500 donne si sono offerte di posare. Spencer è nota per il suo lavoro con le folle nude di tutto il mondo, per le linee guida progressiste.
> Una delle partecipanti ha spiegato chiaramente il suo desiderio di partecipare: *"Come donna, voglio lottare per il mio diritto sul mio corpo e sul mio sistema riproduttivo. Come ispanico, voglio essere visto come un membro di questa comunità. Come prima generazione di americani nella mia famiglia. Come essere umano, voglio oppormi a Trump e ad altri repubblicani il cui discorso di odio contro le donne, gli immigrati, le persone LGBT e tanti altri stanno avvelenando questo paese.*

Un tale atto sarebbe l'esercizio del diritto di dimostrare? Non ci sarebbe un altro modo per queste persone di lottare per questi diritti senza dover necessariamente esporre i loro corpi nudi in pubblico?

Forse lo avrebbe fatto, rappresentando un chiaro abuso del diritto di manifestare, e non sarebbe assurdo punire le persone che si spogliano in pubblico, perché potrebbero esercitare il diritto di manifestare senza esporre il proprio corpo in ambienti pubblici.

---

[161] PAIVA, Vitor. **Il corpo come discorso politico e la nudità come forma di protesta**. [n.d.]. In: Ipeness. Disponibile all'indirizzo: https://www.hypeness.com.br/2016/07/o-corpo-como-discurso-politico-e-a-nudez-como-forma-de-protesto/. Accesso: 19. Dic. 2019, p. 1.

Per quanto riguarda l'interdizione dei viali, come forma di esercizio del diritto di dimostrare, il sito di notizie "Bem Notícias" [162]ha portato il seguente articolo sui minatori che hanno chiuso il viale principale della città di Aripuanã - Mato Grosso, impedendo anche ai commercianti di svolgere la loro attività lì:

> I Garimpeiros che occupano un'area irregolare di estrazione dell'oro ad Aripuanã hanno protestato martedì mattina nel centro della città. Hanno chiuso il viale principale e vogliono un accordo per rimuovere le attrezzature rimaste nel garimpo.
> Secondo i residenti, il clima è teso e i commercianti hanno addirittura chiuso i battenti. Ma secondo la polizia, non c'è stato alcun confronto e non ci sono stati nemmeno feriti. La protesta si concentra su un solo punto centrale.
> I rappresentanti dei garimpeiros dicono di voler parlare con la Polizia federale e civile per raggiungere un accordo. Capiscono che il garimpo è illegale, ma affermano di essere la loro fonte di reddito.
> I Garimpeiros stanno cercando la legalizzazione dei garimpo per poter continuare a lavorare nell'estrazione dell'oro.
> L'operazione
> "Operazione Trype", che mira a liberare il garimpo illegale nel comune di Aripuanã, è stata lanciata lunedì. Secondo le autorità, circa 2.000 persone circolavano intorno al sito.
> La polizia di Bope è stata la prima ad entrare nell'area di garimpo, in ottemperanza ad un ordine giudiziario che determina l'intervento nell'area di garimpo illegale, situata a Serra de Santo Expedito.
> Ci fu uno scontro e un cercatore d'oro morì. Ha cercato di sparare a un poliziotto e alla fine gli hanno sparato. L'uomo è stato salvato, ma è morto in ospedale.

Come sappiamo, il diritto di andare, di venire, di muoversi e di muoversi è un diritto fondamentale, espressamente previsto dalla nostra Carta costituzionale, così come dalle disposizioni internazionali, come nella Dichiarazione universale dei diritti dell'uomo[163]nell'articolo XIII[164], rendendo esplicito nel suo testo normativo il diritto che ogni persona ha la libertà di muoversi, potendo lasciare qualsiasi paese, anche il proprio, oltre a ritornare in esso.

Il Patto di San José del Costa Rica[165], di cui il Brasile è anche firmatario, tutela il diritto di circolazione, come si può vedere nel suo articolo 22[166], sostenendo

---

[162] BENVENUTI NOTIZIE. **Dopo la messa al bando, i minatori protestano e chiudono il viale centrale di Aripuanã**. 2019. Disponibile all'indirizzo: https://bemnoticias.com.br/apos-interdicao-garimpeiros-fazem-protesto-e-fecham-avenida-central-em-aripuana/. Accesso: 19. Dic. 2019, p. 1.
[163] UNIC-RIO. **Dichiarazione universale dei diritti umani**. 2009. Disponibile all'indirizzo: https://nacoesunidas.org/wp-content/uploads/2018/10/DUDH.pdf. Accesso: 17. dicembre 2019, p. 12.
[164] Articolo XIII
(1) Ogni individuo ha diritto alla libertà di circolazione e di residenza entro i confini di ogni Stato.
2. Ogni essere umano ha il diritto di lasciare qualsiasi paese, compreso il proprio, e di ritornarvi.
[165] COMMISSIONE INTERAMERICA SUI DIRITTI UMANI. op. cit.
[166] Articolo 22 - Diritto di circolazione e di soggiorno

che la persona che ha il diritto di circolare liberamente e di risiedere in un certo stato, una volta obbedendo ai requisiti di legge per questo.

Ana Rosa Klinke [167] , commentando il diritto di viaggiare nei paesi democratici, quando sono in conflitto con altri diritti fondamentali, scrive che

> Nei paesi democratici, un diritto fondamentale è la libertà, dove le persone sono libere di scendere in strada per protestare pacificamente ed esprimere le proprie opinioni. Ma non esiste un diritto assoluto e attraverso un patto sociale, ogni individuo si limita nell'esercizio dei propri diritti a strutturarsi nella società e ad avere una convivenza pacifica tra i suoi cittadini. Nel libro di Rousseau "Contratto sociale", si considera che tutti gli uomini nascono liberi e uguali e poi entrano in contatto con lo Stato e il suo "contratto", in cui gli individui non rinunciano ai loro diritti naturali, ma al contrario, stipulano un accordo per la tutela dei diritti fondamentali, dove lo Stato è l'entità che è stata creata per formalizzare l'accordo sociale. Lo Stato, quindi, rappresenta la volontà della società e non quella di un singolo individuo. [...] La libertà di movimento è una pietra miliare, è considerata un diritto fondamentale della prima progenie, e si riserva il diritto di entrare e rimanere in territorio nazionale brasiliano.

Non è troppo ricordare che la linea di demarcazione tra l'esercizio e l'abuso di un diritto è piuttosto confusa. Quando le persone si riuniscono in strada per compiere qualsiasi atto, previa comunicazione all'autorità di polizia, come previsto dalla legge, non si vede alcun abuso del diritto in quell'atto, poiché l'autorità amministrativa, una volta informata, prenderà provvedimenti per ridurre l'impatto dell'atto sulla società, creando deviazioni al traffico, garantendo la sicurezza delle persone, tra le altre misure.

Tuttavia, vietare strade e viali, causando il caos nella comunità locale, che è circondata, incapace di circolare, rappresenta un abuso del diritto di manifestare, e la condotta di manifestare, che in un primo momento è considerata lecita, tassata come illecita, a causa degli eccessi.

Carlos Eduardo Rios do Amaral [168] , nel riflettere su tale circostanza, commenta:

> Ad esempio, in occasione della Settimana Santa il Potere Pubblico autorizza una processione a chiudere una certa via, interrompendone il traffico, nel

---

(1) Ogni persona che risiede legalmente nel territorio di uno Stato ha il diritto di circolare e di soggiornare liberamente in tale Stato secondo le disposizioni di legge.
2. Ogni individuo ha il diritto di lasciare liberamente qualsiasi paese, compreso il proprio. [...]
[167]KLINKE, Ana Rosa. op. cit.
[168] AMARAL, Carlos Eduardo Rios. Il "diritto" di non lasciare che la gente vada da nessuna parte. 2017. Disponibile all'indirizzo: https://jus.com.br/artigos/57474/do-direito-de-nao-deixar-as-pessoas-ir-a-lugar-algum. Accesso: 17. dicembre 2019 , p. 2.

rispetto del diritto al libero esercizio del culto religioso e delle sue liturgie. Il diritto di andare e venire viene neutralizzato in questa strada dove passerà la celebrazione religiosa.

Finora tutto bene. Ma il conflitto tra principi e norme è una cosa, l'abuso della legge è un'altra. Nell'esempio di cui sopra, se il sacerdote decidesse di guidare la folla dalla processione alla pista e al decollo dall'aeroporto della città, non ci troveremmo più di fronte al diritto di riunione o di manifestazione religiosa in contrapposizione al diritto di andare e venire.

Non lasciare che le persone vadano da nessuna parte non significa soppesare i valori legali in gioco, è un abuso della legge camuffato dal regolare esercizio della legge. Quella del regolare e della legge non ha nulla!

In nessun modo il legittimo diritto di riunione, la libera espressione del pensiero e il diritto di sciopero coincidono con un presunto "diritto" di non lasciare che la gente vada da nessuna parte. In nessun punto dell'attuale testo costituzionale, nemmeno implicitamente, l'abuso della legge viene sanzionato, tanto meno le autorità competenti potrebbero tollerare questa assurdità.

[169]L'autore continua a sostenere la prudenza con cui i diritti di assemblea e di libera dimostrazione devono essere esercitati in modo da non ledere i diritti di terzi:

È chiaro, quindi, che i sacri diritti di riunione, di libera manifestazione del pensiero e di sciopero devono essere esercitati in modo tale da permettere ad altre persone di esercitare le loro altre libertà fondamentali che non hanno alcun legame con la manifestazione, e viceversa! Non c'è conflitto tra principi e norme, in questo caso non si dovrebbe prendere in considerazione alcuna considerazione, perché non c'è una naturale via di collisione tra gli interessi. Se alcuni manifestanti decidono di correre dietro a un'ambulanza mentre si dirigono verso l'ospedale, disturbando il parto di una donna che sta per partorire, bucando le gomme o impedendole di passare, non si tratta di esercitare il diritto di riunione, di libera espressione del pensiero o di sciopero. Si tratta di non lasciare che le persone vadano da nessuna parte, di palese abuso del diritto di manifestare.

Penso che sia già successo. È giunto il momento di dare questo "diritto" di non lasciare che la gente vada da nessuna parte! Il diritto di riunione, la libera manifestazione del pensiero e lo sciopero devono essere sempre garantiti, a tutti i gruppi e a tutte le correnti filosofiche, ma in modo tale che non siano mai distorti a favore dell'abuso del diritto, permettendo sempre a tutti gli altri il diritto di andare e venire.

Una cosa è riunire le persone pacificamente, con un preavviso all'autorità di polizia competente, per esprimersi su un ideale comune, senza pregiudicare l'esercizio dei diritti altrui. Un'altra cosa, ben diversa, sono i divieti di strade e viali, il saccheggio di edifici pubblici e l'occupazione di scuole. Questi atti attaccano una vasta gamma di diritti che sono considerati fondamentali anche dal legislatore costituzionale.

Quando si parla di esercizio di un diritto, non significa che si possa esercitarlo in modo illimitato, poiché, se ciò accade, certamente un atto che era lecito

---

[169] Ibidem, p. 2.

tenderà ad essere illegale. In tal modo, l'abuso manifestamente sproporzionato rispetto all'esercizio avrà ripercussioni sulla sfera giuridica di un terzo.

All'inizio può sembrare un compito difficile individuare quando una condotta caratterizza l'esercizio di un diritto e da quando verrà tipizzata come abuso di un diritto. Tutto deve infatti passare attraverso un giudizio di buon senso, sotto il filtro del principio di proporzionalità allora già commentato in questa ricerca.

A titolo di esempio, possiamo dire che sarebbe irragionevole vietare un viale trafficato, anche se si trattasse di una piccola città, in modo che una mezza dozzina di persone possano manifestare contro qualcosa che non gli piace. Questo atto potrebbe essere compiuto in una piazza, sul marciapiede di fronte ad un'agenzia pubblica, in un luogo dove non causerebbe molti disagi agli altri residenti del comune.

Tuttavia, utilizzando il buon senso e il principio di proporzionalità, si ritiene ragionevole vietare l'Avenida Paulista a San Paolo, in un determinato giorno, con un preavviso alle autorità locali, in modo che migliaia di manifestanti possano esporre le loro insoddisfazioni.

Il divieto della stessa Paulista Avenue, per diverse settimane consecutive, per i manifestanti di radunare ed esporre i loro pensieri, sotto il manto del buon senso e del principio di proporzionalità, è pensato per caratterizzare un abuso della legge. Come esempio di disordine in questo scenario, i commercianti dipendono dal commercio locale per eliminare la loro fonte di sostentamento, e la paralisi delle attività commerciali nel luogo menzionato implicherebbe una forte violazione di altri diritti fondamentali.

Non basta quindi preoccuparsi se la condotta da praticare è protetta dal mantello legale, ma occorre anche fare molta attenzione agli eccessi, poiché una condotta che inizialmente sembra lecita può evolvere nell'illecito e i suoi autori sono severamente puniti.

4 CONCLUSIONE

Dopo aver letto questa ricerca, si può concludere che il legislatore nazionale ha espressamente tipizzato nel testo costituzionale i diritti che considerava fondamentali. Lo si può vedere nel Titolo II, dell'attuale Costituzione federale del 1988, che è intitolato: "Dei diritti e delle garanzie fondamentali".

A questo proposito, dobbiamo affermare che, nell'ambito del Titolo II della Carta costituzionale, il legislatore ha ritenuto opportuno garantire, tra i diritti fondamentali, il diritto alla libertà di manifestazione e di riunione, come si evince dagli articoli 5, IV e XVI.

Tali diritti di libertà di manifestazione e di riunione sono stati garantiti anche in altri strumenti normativi internazionali, come la Convenzione americana sui diritti dell'uomo o il Patto di San José del Costa Rica del 1969, ora interiorizzato dal Decreto n. 678 del 6 novembre 1992, o la Dichiarazione universale dei diritti dell'uomo e il Patto internazionale sui diritti civili e politici.

Nel ricevere la qualifica di diritti fondamentali, la libertà di manifestazione e di riunione è stata oggetto di particolare attenzione da parte degli operatori del diritto e dei legislatori, poiché si comprende che ciò che è fondamentale è essenziale in questo caso.

In questa scia, è importante giungere alla consapevolezza che questi diritti sono essenziali per il mantenimento di uno Stato democratico, dove le persone possono incontrarsi pacificamente, in luoghi pubblici o privati, attraverso una comunicazione preventiva all'autorità competente per esprimere i loro pensieri, scambiare idee e azioni correlate.

A questo proposito, occorre prestare particolare attenzione al cosiddetto principio del divieto di regressione, o semplicemente dell'effetto *cliquet*, che vieta la creazione di standard che riducono o limitano i diritti fondamentali già consolidati nell'ordinamento giuridico.

In questa ricerca si può anche osservare che, in numerose occasioni, la magistratura è stata chiamata a manifestare per garantire l'esercizio del diritto di manifestare e di riunirsi, come si evince dal controverso *habeas corpus corpus* n. 4.781/BA, dalla relazione del Ministro Edmundo Lins. In questo HC, all'allora candidato a contestare la carica di Presidente della Repubblica, Ruy Barbosa, era stato assicurato il diritto di tenere un comizio nello Stato di Bahia, considerando che l'autorità di polizia locale gli aveva impedito di esercitare tale diritto.

Nell'esaminare il caso, il tribunale superiore è stato piuttosto enfatico nel sostenere il carattere fondamentale della libertà di manifestazione e di riunione, allora prevista dalla Costituzione federale, nonché l'incompetenza dell'autorità di polizia locale ad autorizzare o meno un tale incontro.

In questo contesto, si conclude che il testo di legge richiede, per quanto riguarda il diritto di soddisfare, tra le altre esigenze, che l'autorità di polizia locale sia solo comunicata, non implicando tale comunicazione in una richiesta di autorizzazione, e può essere sottinteso che tale comunicazione genererebbe una sorta di preferenza per l'esecuzione dell'atto nella presunta località la persona che per prima ha comunicato.

Da quanto discusso in questa ricerca, si può anche dedurre che, nonostante la comunicazione sia qualcosa di richiesto dalla legislazione nazionale, per l'esercizio del diritto di riunirsi in luoghi aperti al pubblico, sulla base dei principi di proporzionalità e ragionevolezza, tale requisito può essere relativizzato, purché sia esercitato da un numero ristretto di persone e non pregiudichi i diritti di terzi.

Inoltre, come requisito per l'esercizio del diritto di riunione, l'attuale statuto costituzionale richiede, oltre alla preventiva comunicazione all'autorità locale competente, che la riunione sia pacifica, senza armi, quando si svolge in luoghi aperti al pubblico, e purché non vanifichi un'altra riunione precedentemente convocata nello stesso luogo.

Pertanto, la richiesta di una preventiva autorizzazione da parte dell'autorità locale può costituire un abuso di diritto, e il dirigente pubblico che si comporta in tal modo può essere ritenuto responsabile dei suoi atti che esercitano il suo potere normativo.

Per quanto riguarda la libertà di manifestazione, il testo costituzionale vieta solo l'anonimato. In altre parole, ognuno può dimostrare, purché si identifichi, che ciò rende più facile per i terzi intervenire per quanto riguarda l'imposizione delle rispettive responsabilità a chi ha esercitato tale diritto in modo abusivo.

Si può anche concludere che, nonostante l'importanza dei diritti fondamentali della libertà di manifestazione e di riunione per il mantenimento dello

Stato democratico, questi diritti, così come ogni altro diritto fondamentale, per quanto speciale, non sono assoluti.

Non esistono quindi diritti fondamentali assoluti, nemmeno i diritti di manifestazione e di riunione. Il diritto di una persona inizia dove finisce quello di un'altra.

Per poter essere esercitati, i diritti di assemblea e di dimostrazione devono rispettare i limiti legali imposti dal nostro ordinamento giuridico al fine di inibire gli abusi nell'esercizio dei diritti.

Per quanto riguarda l'abuso di diritti, il nostro legislatore nazionale è stato abbastanza enfatico nel rifiutare tale pratica, anche implicitamente nel codice civile brasiliano, in diversi momenti.

Pertanto, alla luce del principio di proporzionalità, è necessario individuare la sottile linea di demarcazione tra il regolare esercizio di un diritto e il suo effettivo abuso, cercando sempre di conferire una coesistenza armoniosa tra le norme, poiché l'abuso significa il superamento del limite del lecito, e la condotta inizialmente considerata lecita è ora qualificata come illecita.

Quando si tratta di libertà di manifestazione e di diritto di riunione, non è difficile individuare gli eccessi in tali pratiche, che costituiscono un vero e proprio abuso di diritti da parte di persone che si proteggono falsamente sotto il manto costituzionale.

In questo diapason, commentando nella presente ricerca la teoria "socialmente accettabile", si può giungere alla conclusione che, per gli adepti di tale teoria, non vi è alcun problema nel fatto che le persone, nell'esercizio del diritto di libertà di riunione e di dimostrazione, raggiungono, di conseguenza, i diritti di terzi, come il diritto di andare e venire, l'accesso all'istruzione, alla salute, tra gli altri, essendo perfettamente accettabili. Ciò è giustificato dal fatto che un tale atto, che un tempo sembrava essere un danno per alcune persone, potrebbe in futuro diventare un beneficio non solo per loro, ma anche per molti altri, ed è per questo che la successione completa di un diritto ad un altro dovrebbe essere tollerata.

D'altra parte, in questa ricerca sulla teoria dei "limiti dei limiti", è stato possibile giungere alla comprensione che i diritti fondamentali possono subire limitazioni, purché vi siano limiti all'imposizione di limiti, in modo che il restante diritto limitato non perda completamente la sua efficacia. In altre parole, tale teoria è imprigionata dalla coesistenza armoniosa di norme, in modo che una non soccomba mai completamente a scapito dell'altra.

Quel che è certo è che, nonostante le teorie sopra delineate, i diritti di manifestazione e di riunione non possono essere esercitati indiscriminatamente, e il loro esercizio deve essere strettamente compatibile con le altre norme dell'ordinamento giuridico del nostro Paese, in modo che vi sia una concordanza pratica tra le norme, e i conflitti apparenti devono essere debitamente risolti alla luce della proporzionalità, e gli abusi devono essere debitamente puniti.

Non è facile per l'operatore del diritto dipanare la sottile linea che separa il regolare esercizio di un diritto dal suo effettivo abuso, e non c'è bisogno di cogitare su una "ricetta pronta", e ogni caso deve essere visto secondo le sue peculiarità e analizzato nel contesto sociale in cui è coinvolto, sulla base di un giudizio molto attento basato sul principio di proporzionalità.

Inoltre, si può anche giungere alla conclusione che bisogna sempre eccellere nell'effettiva applicazione e nell'accomodamento delle norme costituzionali, sotto il manto della concordanza pratica, senza mai negare la completa applicabilità di un'intera norma a scapito di un'altra, ma talvolta limitando parzialmente l'una a scapito dell'altra, a seconda della situazione concreta, per il bene della comunità, e la perfetta accomodazione delle norme fondamentali.

Non è perché la libertà di manifestazione e di riunione sia prevista dal testo costituzionale che può essere esercitata per il "bel piacere" della società. I limiti legali imposti dalla legislazione nazionale devono essere rispettati, sotto pena di essere puniti per gli eccessi derivanti da tali atti, e non c'è motivo di considerare l'illegalità nell'imporre tali punizioni.

I limiti sono stati imposti per essere rispettati, ma se c'è un eccesso, si può concludere che la punizione è più che dovuta, essendo richiesta da tutta la società come misura di giustizia.

RIFERIMENTI BIBLIOGRAFICI

Alessia, Robert. **Teoria dei diritti fondamentali**. Traduzione: Martina Petrarca. San Paolo: Malheiros, 2008.

AMARAL, Carlos Eduardo Rios. **Il "diritto" di non lasciare che la gente vada da nessuna parte**. 2017. Disponibile all'indirizzo: https://jus.com.br/artigos/57474/do-direito-de-nao-deixar-as-pessoas-ir-a-lugar-algum. Accesso: 17 dicembre 2019.

AMATO, Lucas Fucci. Abuso dei diritti fondamentali, del pluralismo culturale e dei criteri di parità di trattamento. **Revista Observatório da Jurisdição Constitucional**. Brasília, anno 6, v. 2, lug./dec., 2013.

ATALIBA, Geraldo. **Magistratura e minoranze**. Revista de informação legislativa, v. 24, n. 96, pagg. 189-94, 1987.

ÁVILA, Ana Paula Oliveira. **Manifestazioni sociali e professioni scolastiche: diritto di riunione o abuso della legge?** 2016. Disponibile all'indirizzo: http://www.direitodoestado.com.br/colunistas/Ana-Paula-Oliveira-Avila/manifestacoes-sociais-e-ocupacoes-de-escolas-direito-de-reuniao-ou-abuso-de-direito. Accesso: 17 dicembre 2019.

BENVENUTI NOTIZIE. **Dopo la messa al bando, i minatori protestano e chiudono il viale centrale di Aripuanã**. 2019. Disponibile all'indirizzo: https://bemnoticias.com.br/apos-interdicao-garimpeiros-fazem-protesto-e-fecham-avenida-central-em-aripuana/. Accesso: 19. Dic. 2019.

BOBBIO, Norberto. **L'età dei diritti**. Rio de Janeiro: Campos, 1992.

BRASILE. **Costituzione della Repubblica Federativa del Brasile**. 1988. Disponibile all'indirizzo: http://www.planalto.gov.br/ccivil_03/constituicao/constituicao.htm. Accesso: 19. nov. 2019.

BRASILE. **Decreto n. 592 del 6 luglio 1992**. Atti internazionali. Patto internazionale sui diritti civili e politici. Promulgazione. Disponibile all'indirizzo: http://www.planalto.gov.br/ccivil_03/decreto/1990-1994/d0592.htm. Accesso: 20. nov. 2019.

BRASILE. **Decreto n. 678 del 6 novembre 1992**. Disponibile all'indirizzo: http://www.planalto.gov.br/ccivil_03/decreto/D0678.htm. Accesso: 12 dicembre 2019.

BRASILE. **Decreto legge 7 dicembre 1940, n. 2.848**. Codice penale. Disponibile all'indirizzo: http://www.planalto.gov.br/ccivil_03/decreto-lei/del2848compilado.htm. Accesso: 17 dicembre 2019.

BRASILE. **Legge 10 gennaio 2002, n. 10.406**. Crea il Codice Civile. Disponibile all'indirizzo: http://www.planalto.gov.br/ccivil_03/leis/2002/l10406.htm. Accesso: 12. dicembre 2019.

BRASILE. **Legge n. 5.250 del 9 febbraio 1967**. Regola la libertà di manifestazione del pensiero e dell'informazione. Disponibile all'indirizzo: http://www.planalto.gov.br/ccivil_03/LEIS/L5250.htm. Accesso: 28. nov. 2019.

CANOTILHO, José Joaquim Gomes. **Legge costituzionale e teoria della Costituzione**. Coimbra: Almedina, 2007.

CARMMAROSANO, Márcio. **Diritto di riunione:** limiti. 2015. Disponibile all'indirizzo: http://www.direitodoestado.com.br/colunistas/marcio-cammarosano/direito-de-reuniao-limites. Accesso: 19. nov. 2019.

CARVALHO, Paula Moura. **L'efficacia orizzontale dei diritti fondamentali come mezzo per applicare la giustizia al contenzioso privato**. 2016. Disponibile all'indirizzo: https://jus.com.br/artigos/49340/a-eficacia-horizontal-dos-direitos-fundamentais-como-forma-de-aplicacao-da-justica-a-litigios-particulares. Accesso: 04. dicembre 2019.

CARVELLI, Urban; SCHOLL, Sandra. Evoluzione storica dei diritti fondamentali: dall'antichità alle prime importanti dichiarazioni nazionali dei diritti. **Rivista di informazione legislativa**. Brasília a. 48 n. 191 luglio/inizio 2011.

CAVALCANTE FILHO, João Trindade. **Teoria generale dei diritti fondamentali**. [n.d.]. Disponibile all'indirizzo: http://www.stf.jus.br/repositorio/cms/portalTvJustica/portalTvJusticaNoticia/anexo/Joao_Trindadade__Teoria_Geral_dos_direitos_fundamentais.pdf. Accesso: 30. nov. 2019.

COMMISSIONE INTERAMERICANA PER I DIRITTI UMANI. **Convenzione americana sui diritti umani**. 1969. Disponibile all'indirizzo: https://www.cidh.oas.org/basicos/portugues/c.convencao_americana.htm. Accesso: 20. nov. 2019.

Dal cuneo junior, Dirley. **Il divieto di fare marcia indietro e l'effetto "*cliquet*" dei diritti fondamentali**. Disponibile all'indirizzo: https://dirleydacunhajunior.jusbrasil.com.br/artigos/152845012/a-proibicao-do-retrocesso-e-o-efeito-cliquet-dos-direitos-fundamentais. 2015. Accesso: 15. Maggio 2020.

DA SILVA, Walber, Carlos. **Regole, principi e regole dell'ordinamento giuridico brasiliano**. 2018. Disponibile all'indirizzo: https://jus.com.br/artigos/64137/normas-principios-e-regras-no-ordenamento-juridico-brasileiro. 2018. Accesso: 15. Maggio 2020.

DICHIARAZIONE UNIVERSALE DEI DIRITTI UMANI. Disponibile all'indirizzo: https://www.ohchr.org/EN/UDHR/Documents/UDHR_Translations/por.pdf. Accesso: 20. nov. 2019.

DELGADO, Maurício Godinho. **Corso di diritto del lavoro**. 1 edizione. San Paolo: LTr, 2002.

DIMOULIS, Dimitri; MARTINS, Leonardo. **Teoria generale dei diritti fondamentali**. San Paolo: RT, 2007.

FERNANDES, Bernardo Gonçalves. **Corso di diritto costituzionale**. 3. ed. Rio de Janeiro: Lumen Juris, 2011.

FERNANDES, Francis Ted. Impossibilità di regressione dei diritti sociali fondamentali. Disponibile all'indirizzo: https://www.conjur.com.br/2019-fev-18/francis-fernandes-proibicao-retrocesso-direitos-fundamentais-sociais. 2019. Accesso: 15. 20 maggio.

FERRAJOLI, Luigi. **Per una teoria dei diritti e dei beni fondamentali**. Traduzione di Alexandre Salim, Alfredo Copetti Neto, Daniela Cademartori, Hermes Zaneti Júnior, Sérgio Cademartori. Porto Alegre: Livraria do Advogado Editora, 2011.

FERREIRA, Pinto. **Principi generali del diritto costituzionale moderno**. Tomo I/195- -196, voce n. 8, 5. ed., 1971.

FILET, Narbal Antônio Mendonça. **Il principio del divieto di regressione sociale**. Disponibile all'indirizzo: https://jus.com.br/artigos/12359/o-principio-da-proibicao-de-retrocesso-social. 2009. Accesso: 15. Maggio 2020.

GONÇALVES, Luiz Alcione. **La collisione dei diritti fondamentali nelle manifestazioni pubbliche alla luce della teoria dell'argomentazione giuridica di Robert Alexy**. 2014. Disponibile su: https://jus.com.br/artigos/31710/a-colisao-dos-direitos-fundamentais-nas-manifestacoes-publicas-a-luz-da-teoria-da-argumentacao-juridica-de-robert-alexy. Accesso: 07. dicembre 2019.

GUEDES, Neviton. **Il principio della concordanza non contraddice la ponderazione delle merci**. 2014. Disponibile all'indirizzo: https://www.conjur.com.br/2014-abr-14/constituicao-poder-principio-concordancia-nao-contraria-ponderacao-bens. Accesso: 27. nov. 2019.

SON WAR, Willis Santiago. Il principio costituzionale di proporzionalità. **Revista do Tribunal Regional do Trabalho da 15ª Região**, Campinas, SP, n. 20, p. 85-89, luglio/inizio 2002.

HESSE, Konrad. **Elementi di diritto costituzionale della Repubblica Federale di Germania**. Porto Alegre: Sergio Antônio Fabris, 1998.

KELSEN, Hans. **Teoria pura del diritto**. Traduzione: João Baptista Machado. 3 ed. São Paulo: Martins Fontes, 1999.

KLINKE, Ana Rosa. **Diritti e doveri nelle manifestazioni pubbliche**. Disponibile su: https://jus.com.br/artigos/58484/direitos-e-deveres-em-manifestacoes-publicas/2. Accesso: 17 dicembre 2019.

LAFER, Celso. **Sfide**: etica e politica. San Paolo: Siciliano, 1995.

MACHADO, Jónatas Eduardo Mendes. **La libertà di espressione**. Coimbra: Coimbra, 2002.

MARMELSTEIN, George. **Corso sui diritti fondamentali.** San Paolo: Atlante, 2008.
MASSON, Nathalia. **Manuale di diritto costituzionale.** 4. ed. Salvador:
JusPODIVM, 2016.

MELLO, Celso Antônio Bandeira de. **Corso di Diritto Amministrativo.**14. ed. rif.
ampl. e attuale, San Paolo: Malheiros, 2002.

MELO NETO, Orlando Luiz de. **La relatività dei diritti fondamentali e i limiti della
sua relativizzazione.** 2014. Disponibile all'indirizzo:
https://www.conteudojuridico.com.br/consulta/Artigos/38573/a-relatividade-dos-
direito-fundamentais-e-os-limites-a-sua-relativizacao. Accesso: 27. nov. 2019.

MENDES, Gilmar Ferreira. **Diritti fondamentali e controllo della costituzionalità:**
studi di diritto costituzionale (serie EDB). San Paolo: Saraiva, 2012.

MENDES, Gilmar Ferreira; BIANCO, Paulo Gustavo Gonet. **Corso di Diritto
Costituzionale.** 12 ed. São Paulo: Saraiva, 2017.

MENDES, Gilmar Ferreira; COELHO, Inocêncio Mártires; BRANCO, Paulo Gustavo
Gonet. **Corso di Diritto Costituzionale.** San Paolo: Saraiva, 2007.

MIRANDA, Ponti di. **Commenti sulla Costituzione del 1967 con l'emendamento
n. 1 del 1969.** Prendo il V/603.

MONROE, Marcel Reis. **La legge ha un limite. Pazienza, anche.** 2016. Disponibile
all'indirizzo: https://jus.com.br/artigos/53373/direito-tem-limite-paciencia-tambem.
Accesso: 20. dicembre 2019.

MORAES, Alexandre de. **Diritti umani fondamentali.** 9. ed. São Paulo: Atlas, 2011.

MILLS, Hans-Otto. Sulla storia dei diritti fondamentali. In: BUNDESZENTRALE für
politische Bildung (Ed.). **Diritti fondamentali: informazioni sull'educazione
politica.** Bonn: [s.n.], 1993.

IL GLOBO. **Diritto all'anonimato.** 1987. Disponibile all'indirizzo:
https://www2.senado.leg.br/bdsf/bitstream/handle/id/152657/Set%201987%20-
%200064.pdf?sequence=3. Accesso: 26. nov. 2019.

OESTREICH, Gerhard. Lo sviluppo dei diritti umani e delle libertà fondamentali:
un'introduzione storica. In: BETTERMANN, Karl August; NEUMANN, Franz L.;
NIPPERDEY, Hans Carl (Org.). **I diritti fondamentali: Manuale di teoria e pratica
dei diritti fondamentali. Metà volume.** Berlino: Duncker & Humblot, v. 1. 1966.

PAIVA, Vitor. **Il corpo come discorso politico e la nudità come forma di protesta.**
[n.d.]. In: Ipeness. Disponibile all'indirizzo: https://www.hypeness.com.br/2016/07/o-
corpo-como-discurso-politico-e-a-nudez-como-forma-de-protesto/. Accesso: 19. Dic.
2019.

PEREIRA, Jeferson Botelho. **La cultura dell'intolleranza sociale alla corruzione e i desmandos politici:** limiti e tipicità delle azioni dei vandali. 2017. Disponibile su: https://jus.com.br/artigos/58973/a-cultura-da-intolerancia-social-a-corrupcao-e-aos-desmandos-politicos. Accesso: 20 dicembre 2019.

REALE JÚNIOR, Miguel. Limiti alla libertà di espressione. **Espaço Jurídico magazine**, Florianópolis, v. 11, n. 2, p.; 374-401, luglio/dicembre 2010.

RODRIGUES, Lêda Boechat. **Storia dell'ADPF 187 / DF - Corte Suprema**. v. III. 1991.

SAMPAIO, Nestor. **Caratteristiche dei diritti umani fondamentali**. Disponibile all'indirizzo: https://nestorsampaio.jusbrasil.com.br/artigos/112330165/caracteristicas-dos-direitos-humanos-fundamentais. 2014. Accesso: 25. Maggio 2020.

SARLET, Ingo Wolfgang. **L'efficacia dei diritti fondamentali**. Porto Alegre: Livraria do Advogado, 2009.

SARLET, Ingo Wolfgang. **Diritti fondamentali:** la comprensione della Corte Suprema dei diritti di assemblea e di manifestazione. 2019. Disponibile all'indirizzo: https://www.conjur.com.br/2019-jan-11/direitos-fundamentais-entendimento-stf-liberdade-reuniao-manifestacao. Accesso: 20. nov. 2019.

SARLET, Ingo Wolfgang. **Diritti e doveri fondamentali nella Costituzione della Repubblica di Weimar**. 2019. Disponibile all'indirizzo: https://www.conjur.com.br/2019-ago-16/direitos-fundamentais-direitos-deveres-fundamentais-constituicao-weimar. Accesso: 14. Maggio 2020.

SILVA, Flávia André Martins da. **Direitos Fundamentais**. 2006. Disponibile all'indirizzo: https://www3.usf.edu.br/galeria/getImage/252/6892347672477816.pdf. Accesso: 18. nov. 2019.

SILVA, José Afonso da. **Corso di diritto costituzionale positivo**. 9. ed. São Paulo: Malheiros, 1992.

Stella, Klaus. L'idea dei diritti umani e dei diritti fondamentali. In: MERTEN, Detlef; PAPER, Hans-Jürgen (Org.). **Manuale dei diritti fondamentali in Germania e in Europa:** Sviluppi e fondazioni. Volume I. Heidelberg: C.F. Müller, 2004.

STF. **Argomento di non conformità al precetto fondamentale 187. Relatore il ministro Celso de Mello**. Distretto Federale, Brasilia, 2011. Disponibile all'indirizzo: http://www.stf.jus.br/arquivo/cms/noticiaNoticiaStf/anexo/ADPF187merito.pdf. Accesso: 22. nov. 2019.

STF. **Argomento del mancato rispetto del precetto fondamentale 548. Relatore il Ministro Cármem Lúcia**. Distretto Federale, Brasilia, 2019. Disponibile su: http://stf.jus.br/portal/jurisprudencia/listarJurisprudencia.asp?s1=%28%28DIREITO+DE+MANIFESTA%C7%C3O+REUNI%C3O+PROTESTO%29%29+NAO+S%2EPRE

S%2E&base=baseMonocraticas&url=http://tinyurl.com/vq4d6v7. Accesso: 29. nov. 2019.

STF. **Habeas Corpus: HC 4.781. Relatore: Ministro Edmundo Lins.** DJ: 05/04/1919. Disponibile all'indirizzo: http://www.stf.jus.br/portal/cms/verTexto.asp?servico=sobreStfConhecaStfJulgament oHistorico&pagina=STFdescricaoHC4781. Accesso: 21. nov. 2019.

STF. **RE 511.961/SP.** Relatore il **Ministro Gilmar Mendes.** DJe del 12.11.2009.

STF. **RMS 23.452/RJ.** Relatore il **Ministro Celso de Mello.** DJ del 12.05.2000.

TAVARES, André Ramos. **Corso di Diritto Costituzionale.** San Paolo: Saraiva, 2010.

TAVOLARI, Bianca et al. Occupazioni nelle scuole pubbliche di San Paolo (2015-2016): tra proprietà e diritto di dimostrare. **Nuovi studi CEBRAP,** San Paolo, v. 37, n. 2, p. 291-310, maggio. -ago., 2018.

TERRA. SP: la protesta femminista impicca la donna nuda sotto il viadotto del tè. [n.d.]. Disponibile all'indirizzo: https://www.terra.com.br/noticias/brasil/cidades/sp-protesto-feminista-pendura-mulher-nua-sob-o-viaduto-do-cha,3664453b48835410VgnVCM10000098cceb0aRCRD.html. Accesso: 19. Dic. 2019.

TÔRES, Fernanda Carolina. Il diritto fondamentale alla libertà di espressione e alla sua estensione. **Revista de Informação Legislativa,** v. 200, pagg. 61-80, 2013.

UNIC-RIO. **Dichiarazione universale dei diritti umani.** 2009. Disponibile all'indirizzo: https://nacoesunidas.org/wp-content/uploads/2018/10/DUDH.pdf. Accesso: 17 dicembre 2019.

CHASE, Alfred. **Linee fondamentali dell'antica filosofia del diritto e dello stato.** Seconda edizione. Vienna: Springer, 1948.

VIEIRA JUNIOR, Dicesar Beches. Teoria dei diritti fondamentali: evoluzione storico-positiva, regole e principi. **Revista da Faculdade de Direito-RFD-UERJ,** Rio de Janeiro, 28 dicembre 2015.

I want morebooks!

Buy your books fast and straightforward online - at one of world's fastest growing online book stores! Environmentally sound due to Print-on-Demand technologies.

Buy your books online at
www.morebooks.shop

Compra i tuoi libri rapidamente e direttamente da internet, in una delle librerie on-line cresciuta più velocemente nel mondo! Produzione che garantisce la tutela dell'ambiente grazie all'uso della tecnologia di "stampa a domanda".

Compra i tuoi libri on-line su
www.morebooks.shop

info@omniscriptum.com
www.omniscriptum.com

MIX
Papier aus verantwortungsvollen Quellen
Paper from responsible sources
FSC® C105338

Printed by Books on Demand GmbH, Norderstedt / Germany